JN106587

Devon Price, Ph.D.
デヴォン・プライス 著
佐々木寛子 訳

Laziness Does Not Exist

「怠惰」なんて存在しない

終わりなき生産性競争から抜け出すための幸福論

Discover

LAZINESS DOES NOT EXIST
by DEVON PRICE, Ph.D.

Published by arrangement with the original publisher, Atria Books,
a Division of Simon & Schuster Inc. through Tuttle-Mori Agency, Inc., Tokyo

「誰かの行動が合理的でないのは、
自分がその文脈を理解できていないからだ」と
教えてくれたキムに捧げる

はじめに　「自分は怠惰じゃない」と気づくまで

生産性の高い人だ、と私は褒められてきた。

周りからは、いつも働き蜂みたいに動き回っている、勤勉なしっかり者に見えていただろう。けれど、その代償は大きかった。

仕事で業績を上げ、執筆活動や社会運動にも熱心に取り組み、周囲の期待に応えられるよう、いつもバランスを取ってきた。締切を破ったことはなかったし、行くと言ったイベントには必ず顔を出した。就職活動中の友人がいれば応募書類の推敲を手伝い、人権侵害について議員に連絡する人には精神面のサポートをした。

そうやって「活動的で頼りになる人」という外面を保ってきたけれど、私の内面はボロボロだった。本を読む気力もないほど疲れ果て、刺激を避けて暗い部屋で独りで過ごした。頼みを断れず抱え込んだのは自分なのに、頼ってきた相手を恨んだりもした。活動範囲を広げすぎてちぎれそうになっても、身体を引きずってタスクを次々と片付けていた。エネルギー不足で動けなくなって「怠惰」になる自分は許せなかったのだ。

私のような人は多い。「上司の期待を裏切れない」といつも残業を引き受けて長時間労働をしている人。友達やパートナー、家族の相談相手やお世話係として24時間いつでも頼られている人。さまざまな社会問題に関心があっても時間が足りなくて、活動に満足に参加できず罪悪感を持っている人。こういうタイプの人は、起きている時間すべてをアクティブな活動で埋めようとする。長時間労働のあとにスマートフォンのアプリでスペイン語学習をする、オンライン学習サイトでプログラミング習得を目指す、などだ。

こういう、私のようなタイプの人は、「価値ある人間として認めてほしいなら、やるべきだ」と社会に教え込まれたことを全部やろうとする。責任感をもって仕事を頑張り、社会問題に熱心に取り組み、友人を思いやり、絶えず学び続ける。将来が不安なのだ。だから、先手を打って準備しておく。自力でコントロールできることは全部制御して、不安を軽減しようとする。そうして自分を追い込んで、頑張りすぎるのだ。

それでいつも疲れ果て、焦りを感じ、全然できていない自分に失望している。いくら業績を上げても、どれだけ頑張っても、もう十分できたと満足できず、片時も心は休まらない。私なんてまだ休んでいい立場じゃないと思い込んでいる。燃え尽きかけたり、ストレスから体調を崩しそうになったり、何週も睡眠不足が続いても、自分で「もう無理だ」と諦めたら「怠惰」になってしまう。「怠惰」はいつだって悪いことだから避けなくては、と信じ続けている。

この世界観が、私たちの人生を蝕んでいく。

何年も、私はひどい生活パターンで生きてきた。朝から5〜6時間、休憩も取らずに働いて、片っ端から業務を処理していく。この時間帯は、メールの返信やレポートの採点に猛烈に集中していて、軽食をつまむどころか、席を立って少し歩くのも、トイレに行くのも忘れていた。誰かの邪魔が入れば、イライラしながら相手を睨みつける。こうして5時間ほど過ぎた頃には、空腹とイライラと精神的消耗でもう動けない。

こんなふうに超生産的でいられるのはいい気分だった。前日の夜に考えて不安になっていた「やることリスト」のタスクを全部片付けられる自分が好きだった。そう思うと短距離走のように全力で凄まじい量の業務を処理できた。

だけど、そんな働き方をしていると、その後、使い物にならなくなる。午後は生産性ゼロに等しい状態で、ＳＮＳを何時間もただ眺めているだけだった。終業後はベッドに倒れ込む。暗い部屋でポテトチップスを食べながらネット動画を見る以外のエネルギーは残っていない。

こうして数時間、「充電」をすると今度は、時間を有意義に使えなかった罪悪感が押し寄せてくる――友達と出かければよかったのに。なんで執筆しなかったんだろう。どうせなら健康的で素敵な晩ごはんを作ればよかった――そうして、翌日にやるべきことを考えてストレスに襲われる。そしてまた翌朝になると、罪悪感から働きすぎて疲弊、というサイクルが始まるわけだ。

これが身体によくないのは当時もわかっていたけれど、抜け出せずにいた。たとえ疲労感がひどくても、大量のタスクを短時間で完了する快感は手放せなかった。私は「やることリスト」に完了のチェックを入れるために生きているようだった。相手の期待より早くメールを返信して、「すごい！　仕事が早いね」と言ってもらうのが快感だった。頑張り屋で仕事のできる人だと思われたくて、自分がうまく回せる以上の仕事を引き受けた。そうやって、次々にタスクを自分で抱え込んでいれば、破綻するのは時間の問題だ。体調を崩すかメンタルをやられてしまう。

当時はずっと、エネルギー不足になるのは自分が悪いと責めていた。限界まで自分を追い込めないときは、停滞している自分が情けなかった。
仕事を「できません」と断ると、給与に見合った働きができていないかも、と心配になった。友達の頼みに応じられなかったときや、行くはずのデモに参加できなかったとき、友達が出るコンサートに行けなかったときには、みんなに失望されたと思って落ち込んだ。休んだり、これ以上は無理だと一線を引いたりするたびに、自分は「怠惰」になってしまった、と怯えた。とにかく、「怠惰」は最悪だと思っていた。ひどい疲労や胸が塞がれるほどのストレスも、燃え尽きて趣味や友達と過ごすエネルギーがなくなるのも嫌だったけれど、怠惰よりはずっとましだった。

幼い頃から、私は自分の価値を生産性と結びつけて考えていた。成績優秀で、教師からもよくできる子だと思われていたので、期待されて、責任もチャンスも多く与えられてきた。社会科の授業で困っている同級生に教えてあげるとき、教会のキャンプで工作をするときなど、いつも大人たちは「この役目もやってくれる?」と訊ねてきて、それに私は必ず「はい」と応じてきた。人の役に立ちたかったし、勤勉な子でいたかったし、成功したかった。

つまるところ、頑張ってたくさんのことをしていれば、自分の進路が安泰になると信じていたのだ。

私が将来のことを気に病むのには、それなりの理由があった。父はアパラチア地方の廃れた炭鉱の町で育った。そこでは仕事の展望など皆無だ。大人になっても父は、経済的にやっていけるかが不安でいつも機嫌が悪かった。脳性麻痺があるため、字を書いたり打ったりが困難だった父には、はなから進学や事務仕事の選択肢がなく、永く続けるのは無理だと知りながら、過酷な肉体労働で稼いでいた。母は歯科衛生士だったが、脊椎側弯症（そくわんしょう）があり、週に2〜3日しか働けなかった。

両親はどちらも大学を出ておらず、そのせいで仕事の選択肢が限られていた。「我が子には絶対に同じ轍は踏ませない」と考えた両親は、私に計画、準備、努力の重要性を叩き込んだ。学校では、対象年齢になるとすぐにギフテッド向けの特進クラスに入れられた。アルバイトにも励み、成績優秀者表彰を受け、模擬国連やスピーチコンテスト、討論会などにも参加するよう、私は期待されていた。

両親は、我が子が努力を続け、無駄遣いをせず、「人よりたくさんの」役割や責任を引き受けていれば、うまくいくと信じていた。それなりの学校に入り、奨学金も獲得し、よいキャリアを積み上げられるはずだ、この子が怠けない限りは、と親は考えた。先生たちも私のポテンシャルを買って、強い後押しをしてくれた。

安定したキャリアへのプレッシャーは精神的に辛かったけれど、それ以外の道を行けば、さらに厳しいのは目に見えていた。同級生みんなが私のように期待され励まされているわけではないと当時でも気づいていた。反抗的だから、あるいは物覚えが悪いから、見込みがないと思われている子もいた。そういう子でも低学年のうちは配慮やサポートを受けられたが、学年が上がるにつれて周囲の同情も辛抱も薄まった。本人の抱える困難や必要な支援についての話はなくなり、あの子たちは「怠惰」だという話になった。

いったん怠惰だと見なされると、その子は支援を受けられず叱られがちになる。怠惰な生徒には対応のしようがない、と切り捨てられる。宿題を出さないのも、複雑な概念が理解できないのも、放課後を「生産的」に過ごせないのも、全部その子が悪いのだ。怠惰な子には明るい未来はない。「あの子たちは自業自得だ」と世の中が言っているように私には思えた。

友人のマックスも、自分の価値を生産性で測るようになった。彼女も米国南部の田舎の出身で、何世代も貧困から抜け出せずにいる家庭に生まれた。私と同様に学業でも仕事でも好成績を出してきた。そして私と同じく、仕事の抱えすぎで人生が破綻しつつあった。

マックスはＩＴ企業でライターをしている。申請書や提案書をまとめたり、企業ブログを書いたりする仕事だ。社内からの協力は必須で、同僚が社内プロジェクトの詳細を共有し、漏れのない申請書類を提出し、原稿の原案をきちんと書いてくれれば、仕事はうまく進む。けれど実際には、時間通りに資料が届かず、雑多な情報から構成、執筆しなくてはならないことが多い。締切は迫り、イライラした上司が、席の後ろまで来てプレッシャーをかけてくる。週80～90時間労働が常態化し、マックスは途方に暮れている。

「書類は完璧にしなきゃいけないのに、誰もチェックしてくれないし、あてにならないの」とマックスは言う。

「政府機関によって必要な項目がみんな違うわけ。署名のインクは黒はダメで青に限る、とかのレベルで細かい指示があって、そういうのを社内の人はいつも間違えるし、上司も管理できてない。それで私が朝の６時から夜10時まで書類を修正するはめになる。じゃないと契約が取れないから」

長時間労働と仕事のストレスで、マックスがおかしくなっているのが私にはわかった。３日で50時間働いたという愚痴はもう10回目だった。いつも疲れ切っていて、仕事のことでイライラして、すぐ怒ったり絶望したりする。平日は長時間、申請書の作成や修正作業をして、帰宅すると、テイクアウトした食事とともに、テレビの前で倒れ込む。疲れすぎていて食事に手をつけないことも多い。

以前は占いや刺繍などの趣味を楽しんでいたのに、何もしなくなった。週末は午後４時まで寝ている。一週間の激務のストレスからの回復と充電で終わってしまうのだ。たまに癒やしを求めてマッサージや旅行の予約を入れることもあるが、普段はいつもイライラしてすぐ癇癪を起こし、人生が虚しいとよく言う。

忙しすぎる生活のせいで健康を害しているよね、と尋ねた私にマックスは言った。

「クソ最悪な仕事のせいで、身体も私生活もボロボロだよ。去年、胆囊炎になったときも、休まず会社に行ったの。病欠の申請をしたって、どうせ上司が理由にケチをつけてきて、仕事に穴をあけられないのがわかっていたから。入院前は、歩けないから四つん這いでトイレに行って、しょっちゅう吐いてた。病院で手術したら胆囊が完全に死んでいて、こんなひどい胆囊は見たことがない、なんで１カ月早く来なかったの、って医者に言われたの。それで、しばらく休職が必要だと細かく説明してくれたわけ。叫びたかったわよ」

マックスに出会った当時、私たちは駆け出しのライターで、エッセイや短編小説をネット上でシェアしあっていた。マックスの文章が魅力的だったので、すぐにこの人をもっと知りたいと思った。当時の彼女の文章には落ち着きと奥行きがあった。

でも、昨今のマックスの生き方にはその影もない。彼女はいい意味で感情が激しいのだが（私にはそこが魅力だ）、仕事のせいで性格が歪み、些細なことですぐ爆発するようになった。非効率なことや、自分にとって合理的ではないことに我慢ができないのだ。ピザの配達の人がドレッシングを届け忘れたくらいで激昂する。短編小説はもう何年も書いていない。

マックスは、仕事のせいで人生が蝕まれているのを知っている。人間関係も、健康も、趣味を楽しむ余裕も、すべてが仕事の犠牲になっている自覚はある。自身への期待値が高すぎることも、一般的な労働時間の倍も働くべきではないことも、理解はしている。

それでも、やめ方がわからないのだ。

同様に、私も過労で体調を崩した。当時は、どうやって自分を止めたらいいのかわからなかった。働きすぎだと頭ではわかっていたが、締切を破るのを恐れ、怠惰だと思われることに怯えて、休まず頑張り続けた。過労のせいで心身が完全に壊れるまで、方向転換の仕方がわからなかったのだ。

２０１４年２月、私は博士論文の最終仕上げをしていた。10代の頃から念願だった心理学博士号の取得にようやく手が届くところまで来ていた。もう他のことは何も考えられなかった。

研究室に長時間こもり、仲間が家族のもとに帰ったあとも残ってデータ分析を続けた。通勤時間が無駄なので、在籍していたロヨラ大学の2ブロック先にアパートを借りた。常に研究室にいたから、自宅に家具やインターネットがなくても平気だった。

口頭試問の2週間前になって、ひどい風邪をひいた。風邪ごときで研究のペースを落としたくなかった私は、毎日よろよろと研究室に向かい、体調不良を無視して、いつも通りに夜中まで作業を続けた。エクササイズもやめずに続けた。休養しなかったせいで風邪は長引いた。口頭試問の当日も熱が下がらず、スーツの中で悪寒に震えながら、それを隠して研究のプレゼンテーションをした。

無事に博士号を取得し、研究職への応募を始めたものの、体調は戻らない。症状を無視して生産性を保とうとしたが、夕方には気力が尽き、震えながら毛布にくるまって朝まで床で転がっていた。夏の間も電気毛布は手放せず、気温が30度以上ある日も悪寒に耐えていた。

それでも私は働き続けた。新しい職場では体調不良を隠そうとした。虚弱な自分が恥ずかしかった。自由になる時間はひたすら寝て過ごしたが、自分の怠惰さを呪った。

何が悪いのかが医師にもわからず、関節リウマチ、狼瘡(ろうそう)(皮膚結核)、伝染性単核球症などの検査を受けたがどれも陰性だった。心臓検査で心雑音が見つかり、血液検査で重度の貧血が判明したが、原因は特定できない。冬になっても体調は悪いままで、風邪をひいてから1年近くが経っていた。

どんな検査も治療も役に立たず、医師にも治せなかった謎の病気に苦しめられた末、２０１４年の11月にようやく治療法が見つかった。休養だ。元気なふりをせず、運動もせず、原稿書きも仕事も何もしない、純粋な休養が私には必要だったのだ。

何もせずにじっと座っているのは耐え難かったが、仕事の会議を欠席して、無理やりゆっくり過ごした。もはや、そうするしかなかった。病状が悪化し、身体の要求を否定し切れなくなっていた。

それから2カ月、徹底して非生産的に過ごした。体調不良を無視して仕事をやりくりするのをやめ、「怠惰」でいるのが後ろめたいからと身体に負担が出るほど働くのもやめた。

そのうち徐々に、心身にエネルギーが戻ってきた。熱は下がり、赤血球数も上昇し、心雑音も消えた。病が癒えて社会復帰するにあたって、私はかつて身体を壊したのとは違う新しい生き方を見つけるタイミングに来ていた。


病気が治って以降の数年は、自分が壊れない生き方の構築に専念した。

休養とリラックスの時間を確保できるようになる必要があったから、テニュア（終身在職権）持ちの教員になる夢は諦めた。莫大な時間を研究に費やさなければ無理だからだ。代わりに、補助教員としてパートタイム授業を受け持つことにして、できるだけオンラインでの指導を選択した。これでスケジュールにゆとりができた。休憩を取り、自由時間を死守した。そうして徐々に、自分だって穏やかに楽しくのびのびと生きていいんだ、と理解していった。

さらに面白いことに、心身の調子がよくなるにつれて、あることに気づくようになった。自分の教え子や同僚、友人たちが、かつての自分のように自罰的に仕事を頑張りすぎて、その犠牲になりかけているのだ。

燃え尽き、体調不良、仕事の抱えすぎの人が周囲にたくさんいる。マックスは週80〜90時間働いているし、友人のエドはDVホットラインの運営を頑張りすぎてメンタルが危うくなっていた。同僚のアリッサはフルタイムの研究職と育児の両立に奮闘していたが、仕事のプレッシャーに加えて、義理の家族や近所の人から子育ての方針をいつも非難されていた。さらに、私の担当する社会人学生の大半は、これまでの学校生活で「努力が足りないからダメだ」と言われていた――お前は「怠惰」だから幸せや成功を手にする価値がない、というメッセージを学生たちは受け取っていたのだ。

それでようやく気づいた。私が苦しんでいたのは、社会全体に蔓延した流行病だったのだ。これを私は**「怠惰のウソ」**と呼んでいる。

「怠惰のウソ」は深く文化に根ざした価値体系で、次のことを私たちに信じ込ませている。

○表向きはどうあれ、本質的に自分は怠惰で無価値だ。
○怠惰な自分を克服するために、いつも一生懸命頑張らなくてはいけない。
○自分の価値は生産性で決まる。
○仕事は人生の中心だ。
○途中でやめてしまうこと、頑張らないことは、不道徳だ。

「自分は頑張りが足りていない」と罪悪感が湧くのは「怠惰のウソ」が原因だ。身体を壊すまで働きすぎるのも、「怠惰のウソ」に突き動かされているからだ。

身の回りの「怠惰のウソ」に気づき始めた私は、研究者としてのスキルを活かして、「怠惰の歴史」を掘り下げ、最新の心理学研究を渉猟して生産性について調べた。

その結果に、私は安堵しながら、落胆してもいた。生産性や燃え尽き症候群、メンタルヘルスに関する研究によると、平均的な労働時間は長すぎるらしい。全日制大学の標準的なカリキュラムや、社会運動の週当たりの分担など、一般に正常とされているタスク量は多すぎて、大半の人には継続不可能だという。

しかも、「怠惰」だと見なされている行為は、実際には、自己防衛本能の強い表れなのだという。やる気が出ない、目標が定まらない、といった「怠惰」な状態になるのは、心や身体が安静や静謐（せいひつ）を求めて悲鳴を上げているからだ。疲労がたまっているときには、心身の訴えを聞き、その声を尊重して、ようやく回復へと向かえる。

心理療法士や、企業でのコーチングの専門家によると、仕事や私生活で「ここまで」という一線を引く方法は存在する。「怠惰」でいる権利を主張して、生活の中に、遊びやリラックス、回復のための「余地」を持つことは可能なのだ。さらに、「やることリスト」の完了チェックの数で自己評価をしないようになれば、不安もなくなり心が穏やかになれるという。

私たちは怠惰であることを恐れるよう教えられてきたけれど、そんな「怠惰」はそもそも存在しない。道徳的に退廃した怠け心が内在するわけでもないし、その邪悪な力のせいで人が理由もなしに非生産的になるわけでもない。限界を訴えたり休みを求めたりするのは、何も悪くない。意欲の低下や疲労感は自尊心を削る脅威ではない。むしろ、「怠惰」だと揉み消されるような感情こそが、人間としてとても重要な感覚であり、長期的に見れば、私たちが豊かに生きるために必須なのだ。

この本は、一般に「怠惰」として切り捨てられている行為を全面的に肯定し、社会から「怠け者」だと排斥されている人びとを全力で擁護する一冊だ。

生活のあらゆる場面で、頑張りすぎそうなリスクがあるときに、どのように一線を引いて自分を守ればいいいか、実践的なアドバイスをたくさんお伝えする。「これ以上はできない」と相手に理解してもらうための具体的な伝え方も盛り込んだ。何より、「自分はどうしようもなく怠惰な人間だ」という恐怖心は見当違いだから捨てていい、という根拠を示すので、読んで安心してほしい。

人がエネルギー切れやモチベーション不足になるのは、ちゃんと理由がある。人が疲れたり燃え尽きたりしているのは、本人の内面に跋扈(ばっこ)する恥ずべき「怠惰」に負けているからではない。むしろ、当たり前の要求をしただけでも非難されるような、仕事中毒な価値観が蔓延しているせいで、生きづらくなっているのが問題だ。

身体の上げる非常ベルの音を無視してまで、自分を追い詰める必要はない。

休むことを拒まなくていい。

怠惰を恐れる必要はない。

そもそも「怠惰」なんて存在しないのだから。

目次

第3章 そんなに働かなくていい

第4章 人間の価値は業績では決まらない

第5章

すべてに詳しくなくていい

第6章

疲れる人間関係はそのままにしない

第1章

「怠惰のウソ」

「怠け者」を嫌う文化

私の職場はシカゴの中心部、ミシガン・アベニューから脇に入ってすぐのところにある。朝からくたびれた通勤客や歩くのが遅い観光客の集団をかき分けて仕事に向かっていると、通りに座り込んだ人から小銭をせがまれる。毎朝、5～6人は下らない。

子どもが小銭を渡そうとして、いかにも偏狭な親に咎められている光景もよく見かける。親の台詞(せりふ)は毎度お決まりだ。

「お金をあげてもどうせドラッグやお酒に使われちゃうのよ」「ホームレスのふりをしているだけかもしれない」「ちゃんと暮らしたいなら怠けてないで働けばいいのに」

こういう台詞を聞くと心底、怒りが湧く。ホームレスで生きていくのがどれほど大変かを知っているからだ。

ホームレスになったら、暖かくて安全な身の置き場を確保するだけでも毎日が闘いになる。いつも全財産を肌身離さず持ち歩くしかない。少しでも目を離せば盗まれるか捨てられてしまうからだ。あなたもホームレス生活をしてみれば、1週間足らずでケガをして手当てもできずにいるか、心身を病んでいるだろう。夜だって安眠できない。日中は、食べ物や寝る場所のために物乞いを続けるしかない。公的扶助を受けている場合は、ケースワーカーや医師、心理士との面談を定期的にやらないと、医療サービスや食事補助が打ち切られる。

日々、傷つけられて体調を崩しボロボロになっていく。殴られたり脅されたりすることも日常茶飯事だ。公共の空間にいるのに理由なく追い出そうとする人も多い。

毎日、生き抜くために闘っているのに、それを人びとはただの「怠惰」と切り捨てる。

なぜこうした実態に詳しいのかというと、友人が実際にホームレス生活をしていたからだ。私の友人のキムは、パートナーと2人の子どもと住んでいたアパートを大家に追い出されて、夏の間ずっとウォルマートの駐車場で暮らしていた。

キムが言うには、ホームレスになって何よりつらいのは、周囲の人から見下され、負の烙印を押されることらしい。ホームレスだと知られない限りは、キムたちがマクドナルドで一日中、コーラを飲んだり電話の充電をしたりしながら酷暑をしのいでいても、何とも思われない。けれど、ホームレスだと気づかれた途端、「くたびれてはいるが、しっかりした親」に見えていたはずのキムが、信用ならない「怠惰」な社会のゴミとして扱われる。親子がどんな格好をしていても関係ない。いくら行儀が良くても、どれだけフードを注文していても、いったん「怠け者」のレッテルが貼られると、どうしようもない。簡単に店から追い出される。

私たちの文化は、「怠け者」を毛嫌いしている。

しかも「怠惰」と見なす対象は、残酷なほど広範に及ぶ。薬物依存症から抜け出したいのに再発した人は、怠惰なせいで依存症を克服できないと決めつけられる。失業中の人がうつ病で起き上がるのもつらく、就職活動ができないのも怠惰だとされる。

キムは毎日フルタイムで働きながら、必要な物や安全な場所を探し、家族が寝泊まりしている壊れたミニバンの中で、子どもたちに算数や読み書きを教えていた。それでもキムは怠惰だと扱われる。もっと働いて貧困から抜け出せばいいのに、と思われるのだ。

「怠惰」という言葉は、大体いつも、道徳的な非難の意味合いで使われる。誰かを「怠け者」呼ばわりする場合、それは単なるエネルギー不足ではなく、「その人自身に大きな問題や欠陥があるのだから、何が起ころうと個人の責任だ」というニュアンスを伴う。

怠惰な人には努力が足りないし、本当は正しい決断もできたはずなのに自分で悪い道を選んだのだから、そのような人は支援する価値がなく、配慮や同情の余地もない、というわけだ。

そうやって人びとの苦しみに目を向けずにいれば、気分は楽かもしれない（ひどいやり方ではあるが）。

もし本当に、通りで見かけるホームレスの人が全員、ただ「怠惰」だったせいでその境遇にあるのなら、小銭を渡す必要はない。ドラッグ所持で逮捕歴のある人が、単に「怠惰」であるために定職に就けないのなら、薬物政策に気を揉む必要もない。担当している学生の成績が悪いのも、もし本当に「怠惰」だけが理由ならば、私だって教え方を変えたり、課題の提出期限を延ばしたりする筋合いはないだろう。

けれど、人生というのはそう単純ではない。

ホームレスの人は、家庭内暴力や虐待の被害者など、何かしらのトラウマを抱えているケースが多い。[1] 路上生活をしている10代の若者の多くが、同性愛やトランスジェンダーへの偏見を持つ親によって家を追い出されたり、里親制度の欠陥の犠牲になっていたりする。[2] 長期失業者の多くは精神疾患を抱えており、失業期間が長くなると症状も悪化しがちで、就労はより困難になる。[3] 薬物依存症の再発は、総じて貧困やトラウマなど別の要因が絡んでいるため、治療も単純ではなく、繊細な対応が必要だ。[4]

世間から「本人の努力が足りない」と蔑まれている人は、ほとんどの場合、他者からは見えない障壁や困難と懸命に闘っている。これは教員生活でも実感したことだ。

出席状況や成績の悪い、一見「怠惰」に思える学生に連絡を取ると、その学生は私生活で困難に直面している。メンタルヘルスや過労の問題もあったし、年配の家族や病児のケアを抱えている場合もあった。ある学生などは、1学期16週の間に親を亡くし、災害で自宅を失い、さらに娘が重度のうつ病で入院していた。そのような厳しい状況下でも、本人は課題ができない自分を責め、実情を伝えてもどうせウソだと疑われるからと、事実を証明する書類をいつも持ち歩いていた。

「怠け者」と見なされることへの恐れは、これほど深く根付いている。

問題を抱えすぎて困っている人が怠惰に見えるのはなぜだろうか。

理由の1つは、**人の苦しみはたいてい外部からは見えない、ということだ。**

不安障害や貧困、病児のケアや介護などで困難な状態にあると学生が伝えてくれない限り、教員の私には知りようがない。バス停のそばにいるホームレスの人とも実際に話してみるまでは、彼が脳損傷の後遺症を抱えており、朝、服を着るなどの日常の動作にも苦労しているとはわからなかった。同様に、業績の低い同僚がいても、その人が頑張れないのは慢性的なうつ病によるものだとは知る術がない。実際には燃え尽きて動けない人を、ただの怠け者だと誤解してしまうわけだ。いくら本人が頑張っていても、社会はその人を排除し続け、ただのやる気のないダメ人間と見なしてしまう。

「怠惰」だと切り捨てられている人の多くは、限界まで追い込まれている。実際は多大な困難とストレスを抱えて、必死に頑張っているのだ。それでも、要求が本人のキャパシティを超えているため、事情を知らない他人からは「何もしていない」ように見える。しかも、この社会では「個人的な問題は正当な理由にはならない」とされている。

私の友人、ジーはヘロイン依存症との長年の格闘を経て、現在は就職活動中だ。回復プログラムで懸命に依存症と闘い、グループセラピーで生活スキルを身につけ、ボランティア活動を通じて自己理解を深め、人生を立て直そうと奮闘してきた。それでも、採用側は、ジーの履歴書の職歴の空白ばかりを気にする。ジーがその間、何もしてこなかったと考えるのだ。ジーの家族や友人にさえ、依存症からの回復期を無駄な時間だと思っている人はいる。薬物依存症は行動障害と精神障害の両方にまたがる疾病で、回復までには何度か後戻りがあることは統計的にも明らかなのだが、それでも依存症は本人のモラルの問題で自業自得だと誤解されやすく、再発も本人が好んでそうなったと思われがちだ。[5]

こうした偏見や非難は他人に向けられるだけではない。私たちは自分のことも理不尽に責めている。自分に対して、途方もなく高い要求をしがちなのである。もっと頑張らなきゃ、休むべきではないし、欲求は抑えるべきだ、などと考えてしまう。個人的な事情は正当な言い分にならず、抑うつ傾向や子どもの世話、精神的な不安やトラウマ、腰痛など、個人の都合を理由に休んだり諦めたりしてはダメだと思っている。そうやって、超人レベルのことを達成するよう自分に課し、できないたびに怠惰な自分を責めるのだ。

私たちはみんな、怠惰について誤った信念を植えつけられてきた。現代の文化では、強い意志や根性さえあれば誰でも成功できるとされ、限界まで自分を追い込むのが美徳で、気楽にやるより価値が高いとされている。

どんな場合も自分の限界を持ち出すのは怠惰さの証拠で、そんな人には愛情や慰めは不要だと教え込まれてきた。これが「怠惰のウソ」である。「怠惰のウソ」は社会に満ちていて、そのせいで私たちは自他に厳しくなり、ストレスを抱え、無理をして、それでもまだ努力が足りないと考える。

この「怠惰のウソ」を乗り越えるためには、まず「怠惰のウソ」に向き合い、それを理解する必要がある。私たちの日常生活や思考、他者との関係において、「怠惰のウソ」がどのように悪影響を与えているかを見ていこう。

「怠惰のウソ」とは何か

「怠惰のウソ」とは、「あくせく働くことは、のんびりするより道徳的に優れている」「生産性の高い人は生産性が低い人より価値がある」という考え方のことだ。表立っては語られないが、この価値観は世の中の常識になっている。私たちの働き方、人間関係での境界線の引き方、望ましい人生や生活についての考え方などには、この「怠惰のウソ」が影響している。

「怠惰のウソ」には、次の3原則がある。

1 人の価値は生産性で測られる。

2 自分の限界を疑え。

3 もっとできることはあるはずだ。

この「怠惰のウソ」を私たちはどのように学び、内面化するのだろうか。親が子どもを座らせて教義を叩き込むわけではなく、長い時間をかけて、観察とパターン認識の中で徐々に私たちは「怠惰のウソ」の思考を吸収していく。

ホームレスの人は「怠惰」だからお金をあげる価値はないと親が子に言うとき、子どもの心に「怠惰のウソ」の種が蒔かれる。テレビ番組が障害者を取り上げる際に、適切な配慮の必要性は描かれず、個人の強い意志や努力だけで障害を「克服」したというストーリーばかりを流せば、「怠惰のウソ」の芽は育って強くなる。上司が部下の病欠を非難し、本当に休みが必要なのかと疑うたび、「怠惰のウソ」は蔓を伸ばし、私たちの心を絡め取っていく。

この世界では、「努力は報われる」とされ、限界や欲求を口にするのは恥ずべきことだとされている。だから、依頼を断ったら相手や周囲からどう思われるだろうかと恐れて、無理にでも仕事を引き受けてしまう。たとえ「怠惰のウソ」の3つの原則すべてに納得していなくても、これらの考え方は私たちの中に深く染みついており、目標設定の方法や他者への視点にその影響が出ているはずだ。

ここからは、3原則を1つずつ詳しく見ていくので、自分自身の内面に「怠惰のウソ」がどれほど深く根付いていて、日常生活の行動にどのように影響を与えているかを考えてみてほしい。

「怠惰のウソ」の3原則

第1原則――人の価値は生産性で測られる

子どもや10代の若者と将来のことを話すとき、大人はたいてい「何になりたい?」と尋ねる。言ってみれば、社会や雇い主に対してどんな価値を提供したいかを聞いているわけだ。「何に熱中しているの?」とか、「どんなときに幸せや安らぎを感じる?」などと聞くことは少ない。

大人になると、人は職業で識別される。「あの人は俳優」「この人は葬儀屋」といった具合に、他者に提供するサービスで人を分類しているわけだ。

そのため、ある人が病気やケガ、身内の不幸など、何らかの理由で以前と同じように働けなくなると、周囲の人はまるでその人がアイデンティティの大切な部分を失ったかのように感じ、そのことを恥ずかしいことかのように声をひそめて話す。歳を取ったのが理由で働けなくなったとしても同様だ。**仕事を失うと、生きる理由も失ったと感じる人が少なくない。**

このように考えるのも当然だ。この世界では、快適で安全な生活は保証されておらず、働かない人(働けない人も含む)の大半は困窮することになる。失業者や貧困層は、有職者や中所得者層に比べて、はるかに若くして亡くなる傾向にある。[6] 仕事を中心に回っている世界では、働かずにいると社会的に孤立し、心身の健康が悪化しやすい。[7] 生産性を失えば悲惨なことになる。そうして、多くの人が将来の経済状態や仕事について常にストレスを抱えている。どれだけ働けるかが、とにかく不安なのだ。

マイケルはバーテンダーだ。彼も、十分に働けていないんじゃないかと怯えながら生きている。シカゴのサウスサイドでイタリア系の労働者階級として育ったマイケルだが、家庭には問題が多く、精神疾患を持つ人もいた。それでもマイケルは自力で人生を切りひらき、需要の安定した仕事のスキルを身につけた。マイケルは仕事の頼みを断らない。シカゴでは優秀なバーテンダーには、他の人のシフトを埋めるよう依頼が来る。マイケルはすべての依頼を即答で受けて、市内のあちこちのバーを飛び回って働いている。早朝の数時間しか眠らないこともある。スケジュールがぎっしりで、このインタビューに時間をもらうだけでも数週間は待たされた。

「燃え尽きっぱなしの人生だよ」とマイケルは言った。

「自分のバーを経営していた頃は、毎週90時間働いて、夜は男性用トイレの床で寝た。イベントの主催や、料理やカクテルのメニュー書き、納品業者の対応もしながら、バーテンダーをやっていた。店がつぶれてから、どんな仕事でも来れば引き受けるしかなくなった」

マイケルはずっとこんなふうに生きてきた。10代の彼はバレエダンサーだった。バレエ界は容赦ない仕事中毒の世界で、起きている時間はとにかくトレーニングと練習だった。身体が悲鳴を上げても無視する習慣はそこで身についた。大人の世界に入ってからも、変わらずストイックに何十年も働き続けてきた。旅行中も、旅先の町でバーテンダーのシフトに空きがないかを探った。ずっと休み知らずで生きてきた。マイケルはスプレッドシートに細かく業務時間と稼ぎをつけていたが、その数字は衝撃的だった。

「3月は380時間働いたよ」とマイケルは言った。参考までに、標準的な週40時間労働の場合、月の労働時間は160時間である。

マイケルは過酷な働き方を続けた挙げ句、私やマックスと妙に似た顚末をたどった。数年前、バーの経営が危うくなった頃から、ストレスで血を吐くようになったのだ。私と同じように毎晩ひどい寒気にも襲われた。それでも彼は体調不良を無視して働き続けた。頑張れば店を守れると信じていた。

こうした働き方をやめられる幸運な人もいる。とはいえ、職業を自分のアイデンティティの中心に据えるよう教えられてきた私たちには、人生の速度変更のやり方がわからない。仕事をリタイアすると抑うつ傾向が出やすく、人生の目的を失うことが多い。[8] 失業者と同様、退職者も人生の方向性を見失い、孤独を感じがちである。人と疎遠になり、決まった日課がなくなって体調を崩しやすくなり、心疾患のリスクも高まる。[9]

多くの人は、こうなることに怯えながら成人期を過ごす。退職を先送りにして、健康を害してまで働き続ける人も多い。[10]

新型コロナウイルス感染症がシカゴを襲い、すべてのバーが営業禁止になったとき、マイケルは不安でパニックを起こした。大人になってから、ほぼ1日も欠かさず働き続けた彼にとって、街中のバーが閉店になると、何をすればよいかわからず、今後どう生計を立てていくか途方に暮れた。そこで彼はシャッター街になった通りで、もぐりの飲み屋を開いた。マイケルは飲食業界に人脈があり、どの空きビルなら違法バーを開けるかを教えてくれる人もいた。マイケルが命の危険も顧みずに店を開いて、自身や友人をウイルスに晒そうとしていることに、サービス業以外の友人たちはショックを受けた。説得されて、ようやくマイケルは稼業を諦めた。

私もマイケルのもぐり酒場の話には呆れたけれど、彼にとっては合理的な判断だったのだろうと理解はできた。自力で対処するのが当たり前だと人生を通じてマイケルは学んできた。どれだけ自分が傷つくかは考えず必死で働く以外に、彼は逆境を抜け出す方法を知らなかった。過労で吐血したこともあるマイケルにとって、急性呼吸器症候群の発症リスクなどたいした問題ではなかった。

外出禁止令が出て2週間が過ぎた頃、マイケルからテキストメッセージが届いた。

「仕事がしたくてしょうがないよ。14歳以来、こんな長い休みは取ったことがない。おかしくなりそうだ」

そこまで極端ではないにせよ、私たちの多くはマイケルと似た行動をしている。仕事量を減らせず、新しいタスクを反射的に引き受けてしまう。仕事を断ったら人生が崩壊するという恐怖があるためだ。私たちは、休息や運動、社交の時間をしっかり取るか、あるいは生活のために長時間働くかの2択を迫られ、収入やキャリアの安定と引き換えに健康を犠牲にしてきた。

こうした選択をするのは、病的な妄想に取り憑かれているからではない。悲しいことだが、自分たちは経済的にひどく脆い立場にあると知っているからだ。新型コロナウイルスの世界的危機を経てなお、マイケルは「今までの働きすぎは正解だった」と考えていた。さもなければ、コロナ禍を生き延びるための蓄えがもっと少なかったはずだからだ。

いつも働きすぎている人は、自身の身体からの要求を無視するプロでもある。現在の経済システムと文化は、「求めることは弱さだ、限界は自力で乗り越えられる」と説く。そのため、私たちは自分の欲求を無視し、健康をお金やキャリアと交換可能な資源だと考えるようになった。これが、「怠惰のウソ」の第2原則とつながっている。たとえ疲れや体調不良を感じても信じるな、限界など認められない、という思想である。

エリック・L・ボイドは小説家として成功しているが、いつか何かをやらかしてすべてを失うのではないかという恐怖にいつも苦しんでいる。

彼の不安には、根拠がある。作家になる前、彼は刑務所にいた。仕事で得た安寧や安全が一瞬で簡単に干上がってしまうことを、誰よりも身に染みてわかっている。前科があるため、他の人のように簡単に労働市場に入れない。だから、いくら講演会や講義、執筆依頼などで予定が詰まっていても、エリックは治験などの短期バイトの登録を続けている。真夜中に長距離移動するしかないスケジュールでの依頼でも、執筆や講演の要請を断ったことはない。自分を限界まで追い込んでいないと怠惰になって元に戻れなくなるとエリックは怯えているのだ。

働きすぎの人に何十人も会って話を聞いてきたが、ほぼ全員がこうした恐怖心を抱えていた。誰よりも長時間働き、疲弊し、心身の健康を損なうくらいまで「はい、やります」と応え続けてきた人たちが、実は自分は「怠惰」なのではないかと不安を抱えているのだ。自分は本当は利己的で弱く、やる気のない人間なのではないか、という恐怖に苛まれている。パラドックスのようだが、この恐怖こそが「怠惰のウソ」の核心であり、このせいで非常に危険な帰結をもたらすのだ。

「怠けて何も成し遂げられずに終わるリスクは誰にでもある、だから弱さの兆候が出ていないか常に自分を疑え」と「怠惰のウソ」は言う。このせいで多くの人が、自分のやる気や能力は見せかけにすぎず、本当はダメ人間だと思い込んでいる。身体の声を一切無視し、休息も取らず、体調不良や病気を言い訳にせず頑張らなければ、利己的でやる気のない本性を克服できないと信じ込んでいるのだ。

こうして、「怠惰のウソ」は、人間の基本的欲求への嫌悪と忌避感を私たちに叩き込む。「疲れただって？ それは睡眠が必要だというサインではない。自分が怠惰なだけだ。課題が難しくて集中できない？ それは課題が大変すぎるせいではない。もっと頑張ればうまくできるはずだ！ 好きだった仕事が嫌になってきた？ 甘えるんじゃない。もっと自分を追い込んで、モチベーション低下などという恥辱を克服すべきだ」というように。

こうした「限界を疑え」という価値観に染まると、心身の欲求を自覚して自分を守るのがとても困難になる。

２０１４年、病気で弱っていた当時、私は自分が詐病をしているのではないかと、時折自分を疑った。発熱をでっち上げて友達の同情を引こうとしているんじゃないかと思ったのだ。医師も、私が言うほど体調が悪いのかを疑って、毎朝、熱を測って手帳に記録をつけて診察時に持ってくるよう言った。結果、ほぼ毎晩、39度5分近い熱が出ているのを私も医師も認めた。

それでもなお、私は面倒な自分に罪悪感を抱えていた。気合いを入れても病気が治らないので途方に暮れていた。

私たちの心身は、早めに危険信号を発して、風邪や空腹、脱水、精神的疲労などの兆候を知らせてくれる。

たとえば、朝起きて喉の痛みや口の中に苦味を感じたら、風邪のひき始めだから早めに休もうと予定を変更できる。食べ物のことばかり頭に浮かんで集中できないのは、本格的な空腹で動けなくなる前に軽食をとろうというサインかもしれない。[11] 頭が働かずに本を1ページも読み進められないのは、しばらく脳をリラックスさせる必要があるという信号なのだ。

だが、「怠惰のウソ」によれば、これらは有益なサインではなく、私たちを騙すものなのだ。人間には軽食も、お茶休憩も、日曜にベッドでのんびりと過ごす時間も不必要であり、身体の発する信号は、こうした不適切な行動へと誘惑する、悪しき衝動に他ならない。

「怠惰のウソ」は、「こうした身体の発信などは無視して、不快でも我慢して、できる限り何も求めず自力で頑張れ」と言う。言われるままに自己の欲求を否定して奮闘しても、結局は報われない。のんびりできる権利は永遠に手に入らない。なぜなら、「怠惰のウソ」は、この程度で満足するな、もっとできるはずだ、と説いてもいるからだ。

第3原則——もっとできることはあるはずだ——

「怠惰のウソ」は、現実離れした生産性を追求するよう焚きつけてくる。

平日は8時間、いっときも集中力を切らさずに働いて、終業後は運動を欠かさず、Instagramで映える夕食を手作りし、夜には本業以外のプロジェクトにも打ち込むべきだ、と説く。

「怠惰のウソ」によれば、まともな人間は、模範的なことをして一日を勤勉に過ごすもので、医者の予約をすっぽかす、車のオイル点検を忘れる、ジムを何日もサボる、などはあり得ない。夜勤のシフトを終え、疲れ切って選挙に行けなかった人に、「怠惰のウソ」は「この国の政治がおかしいのはお前のせいだ」と責めたてる。一日中子どもの世話で勉強の気力が残っていない社会人学生にも、「怠惰のウソ」は「頭が悪く怠惰な人間は学位取得に値しない」と言い放つ。

「怠惰のウソ」はやるべきことをやれと際限なく言い続ける。いくら頑張っても、天井には届かない。そもそも天井など存在しないのだ。

「怠惰のウソ」は仕事を頑張っている人を「もっとボランティアをすべきだ」「家族や友人を放置しているだろう」と咎める。家族の世話に専念している人にも「怠惰のウソ」は容赦せず、運動不足だとか家が散らかっているなどと責める。大きな賞を取ったり、人生が変わるほどの快挙を成し遂げたとしても、「怠惰のウソ」はうやうやしい笑顔を浮かべながら「良かったですね。で、次は何を?」と言う。

「業績に誇りを持て」とは言うけれど、いくら偉業を達成したところで、満足して休むことは許容されない。この社会では、どれだけ成功しても一息つかせてもらえない。「次は何を?」「他には?」と永遠に要求される。

「頑張れば頑張るほど、より善い人間になれる」と「怠惰のウソ」は説くけれど、どこまで頑張ればいいのかの合格ラインは決して示されない。目標地点を永遠に動かし続けて、人の弱さや欲求を許容することはない。どこかの時点で必ず失敗するよう、あらかじめ設計されているのだ。

昨年、私の母が慢性の腰痛を患った。安静にして理学療法に通えば良かったのだが、一日中、立ちっぱなしで歯科衛生士の仕事を続けたため、症状は悪化した。何カ月も無理をして、身体を引きずって出勤していた。

やがて歩行はおろか立っているだけでもつらくなり、出勤がひどい苦痛になった。それでも母は、退職の決断を先延ばしにした。「40年以上、歯科衛生士でやってきたのよ」と母は何度も言った。母にとって仕事は「自分が何者か」を表すものだった。大人になってから歯科衛生士一筋で、他のあり方を知らなかった。痛みが本当にひどくなり、毎回のシフトを病欠せざるを得なくなってようやく、退職を決断した。以前から、退職するときには事前共有と引き継ぎを計画的にやりたいと本人は望んでいたが、緊急の決定となり、同僚にはテキストメッセージで伝えられただけだった。
もっとできるはずだ、という「怠惰のウソ」のせいで、母は仕事の辞めどきを自分で認められなかった。

多くの人が、私の母と同様、仕事を優先して自分の時間を取れず、まだ若くて健康な時期に本当に好きなことができていない。勤勉を美徳として人生の貴重な時間を仕事に捧げ、健康や人間関係を後回しにした人は、家族や友人にもたくさんいる。これも「怠惰のウソ」の影響だ。**「怠惰のウソ」によって私たちは、あれもこれもやらねばならないと思わされ、ゆっくり穏やかに生きることが怖くなってしまった。**

こうした価値観では当然、自分を大事にできないし、ましてや他者を深く思いやることなど不可能だ。しかも、「怠惰のウソ」は私たちの文化や価値観に浸透し切っているため、当然のこととして、疑問視もされない。
この「怠惰のウソ」の影響の規模を正しく理解し、それが社会に不可欠な要素となった経緯を把握するには、何世紀もさかのぼって米国資本主義の発展の経緯を見ていく必要がある。

資本主義が「怠惰のウソ」を生んだ

「怠惰のウソ」は米国の建国以来の歴史と深く関連している。勤勉を善とし怠惰を悪とするこの価値観は、国民的な神話に織り込まれ、全国共通の信念となった。帝国主義と奴隷制の影響は根強く、さらに貿易大国として他国への影響が大きいために、「怠惰のウソ」は、世界中の国々や文化にまで広がってしまった。

英語におけるlazy（怠惰な）という語の初出は1540年で、当時から、仕事や努力を厭う人を非難するニュアンスで使われていた。[12] 言語学的には、中期低地ドイツ語で「虚弱な」「弱い」を意味するlasichに由来するとされている。[13] あるいは、古英語で「偽の」「邪悪な」を意味するlesuを語源とする説もある。[14]

いずれの語源でも、「怠惰」という言葉は2つのニュアンスを伴っている。誰かを怠惰だと言うときには、「（肉体的または精神的に）弱いために仕事ができない」という意味だけでなく、「能力が不足している人は倫理的にも堕落している」という意味合いもあるのだ。要因となる疲労や気分の落ち込みに対する同情のニュアンスは皆無で、「人間として根本的に間違っている」というメッセージが、「怠惰」という言葉自体に含まれている。

つまり、怠惰な人間は悪質な詐欺師であり、苦しんでいても自業自得だという考え方が、「怠惰」という言葉ができた当初から埋め込まれているのだ。

「怠惰のウソ」が米国に広まった大きな要因として、ピューリタン（清教徒）の移住が挙げられる。ピューリタンの間では、勤勉さは「神に予め救済の対象として選ばれた証し」と考えられ、勤勉に働けばより善い人間になれると信じられていた。逆に、目の前の仕事に集中できない、あるいはやる気のない場合には、地獄に堕ちる運命にある証拠だとされた。[15] それならば、与えられた仕事ができず困っている人や仕事で失敗した人に同情する必要はない。成功への意欲がないのは、神に選ばれて天国へ行ける人ではない証拠なのだから。

植民地米国にピューリタンが移住して以降、この思想は信仰心の薄い入植者にも広く受け入れられた。[16] **「怠惰」を軽蔑し罰する価値体系は、さまざまな理由により強く支持され、政治的にも利用されていった。**

植民地時代の米国では、労働力を奴隷労働と年季奉公に依存していた。[17] 彼らを使う資産家側にとっては、奴隷にされた人たちが、本人には何の見返りもないのに熱心に働いてくれるようなロジックが必要だった。[18] 勤勉と従順を、宗教の教義として内面化させるのは奴隷たちを働かせるのにはとても効果的だ。こうして、「労働による人格の向上」というピューリタン的思想から派生した、生産性を極端に重視するキリスト教が、奴隷にされた人びとに押しつけられた。この教義では、苦難は神から与えられたものであり、奴隷は素直で従順で何より勤勉であれば天国で報われる、とされた。[19]

逆に言えば、奴隷の働きが悪く「怠惰」であれば、それは堕落であり本人の過ちとされる。[20]奴隷主は、奴隷をできるだけ働き詰めにして疲弊させ、反乱や暴動を起こす余力を奪おうとした。[21]さらには、奴隷の境遇から逃走を企てた人は、精神を病んでおり「逃亡奴隷精神病」に罹患しているとされた。[22]与えられた社会的地位を全うしようとしない人は障害のある異常者として扱われたのだ。米国の資本主義はこの価値体系を基礎として発展した。[23]

こうして「怠惰のウソ」は生まれた。そして、急速に広まり、奴隷以外の社会的弱者――年季奉公や貧しい白人労働者、政府の寄宿学校に強制的に入れられた先住民族など――にも及んだ。[24]搾取される側の人びとは、「不平を言わずに真面目に働くことが美徳であり、自由な時間を望むのは道徳的退廃だ」と教え込まれた。

産業革命によって国の産業構造が大きく変わり、米国の労働者の多くが工場での長時間労働に従事するようになると、「怠惰のウソ」はさらに広がった。高学歴の資産家層は「貧しい白人に遊休時間（アイドルタイム）を与えるとろくなことにならない」と言い出した。休みが多いと人は欲に溺れて堕落するとされたのだ。[25]この時代のプロパガンダには、「貧乏な労働者階級は勤勉に働かせておかなければ、犯罪や薬物に手を染めるようになり、社会が破綻する」というものが多い。[26]

こうして、怠惰は単なる個人の欠陥にとどまらず、根絶すべき社会的害悪だという考えが一般化し、それが現在に残っている。

「怠惰のウソ」は当時の大衆メディアにも見られる。

19世紀後半には、作家ホレイショ・アルジャーが、貧乏な主人公が必死に働いて上流階級に上り詰める筋書きの小説を量産した。こうした本が人気になったことで、いい暮らしがしたい貧乏人は自力で這い上がればよいという見方が定着していった。[27] 1950年以降は、福音派の牧師が似たような思想を「繁栄の福音」として喧伝している。主イエス・キリストに人生を捧げれば、仕事の機会や富、成功で祝福されるという教義だ。[28]

19世紀末以降、「怠惰のウソ」の価値観は広く一般に浸透し、映画や演劇、テレビに数え切れないほど登場するようになった。

五大湖やミシシッピ川を造ったという巨大な木こりのポール・バニヤンや、西部開拓期にりんごを植えながら布教したジョニー・アップルシードなどの国民的神話の主人公はもちろん、銀幕を駆ける一匹狼の屈強なカウボーイから、「ホテル王」コンラッド・ヒルトンなど起業家の伝記に至るまで、米国文化で広く支持される英雄譚はどれも、勤勉でひたむきな男が、強い意志を持って自力で成功を摑み、社会を変える物語だ。[29]

こうした物語のヒーローは屈強な白人男性ばかりで、誰からの援助も必要としない。どちらかというと社会のはぐれ者で、他者と密接な関係を持たず、社会のルールを無視しがちだ。独立独行を体現したような人物が、強い精神力と不屈の態度で成功を摑む。こうした「神話」は大衆にウケが良く、やる気の供給源となってきたが、同時に**「成功できないのは頑張りが足りないせいだ」**という裏のメッセージも広まった。

「怠惰のウソ」の信奉者には、政府による経済への介入や、労働者の法的保護、福祉政策などは不要であるらしい。成功したいなら、とにかく自力で頑張ればいいのだから。

過去30年の調査では、米国民の過半数がこの考え方を支持している。個人の困窮は、まず本人に原因があると考えられがちだ。とりわけ、その苦境が怠惰と関連づけやすい場合には個人の責任と見なされやすい。[30]「世界は公正で、人はそれぞれに見合った報いを受ける」という公正世界仮説を信じている人は、社会福祉制度に否定的で、貧困層への共感が薄く、支援に否定的だと示す調査もある。[31]

私がよく見かける、「ホームレスの人に金銭を渡しちゃダメ」と子どもに言う親のように、思いやりや寛大さ、互助の精神は怠け者には「無駄」だと考える人が米国には多い。「世界は独立した個人のみによって構成されている」と考え、相互の助け合いや共感などは不要に思えるのだろう。他者に頼るのは個人の成長を妨げるから問題だ、とさえ見なされかねない。

人びとの意識は何十年も「怠惰のウソ」に晒されてきたため、その影響を強く受けている。他者への批判が増え、経済格差の犠牲者を自己責任だと切り捨てる論調も増えた。自分の限界も認めず、「疲れた」「休みたい」と思うのは堕落の兆候だと捉えるようになった。そして、さまざまな要請に一線を引いて断ることなく、自分の限界を超えて常にもっと頑張らなければという強いプレッシャーを内面化している。ＳＮＳの普及や業務のデジタル化が進み、こうしたプレッシャーから逃れるのはますます困難になっている。

「怠惰のウソ」だらけの現代

かつてのホレイショ・アルジャーの小説と同様に、現代のポップカルチャーにも「勤勉を崇拝し怠惰を軽蔑せよ」という教えは健在だ。映画はもちろん、ランチ休憩のお供のYouTubeの動画にまで、勤勉と個人主義を称賛するコンテンツが溢れている。

最近話題のセレブリティには、自分は大金持ちの家に生まれた特権階級ではなく、「成り上がり」の起業家だというアピールが多い。

フィクションの主人公は、邪悪な敵を倒して夢を実現するが、それは本人自身のすさまじいやる気と根性の賜物であって、他者と助け合ったから夢が叶ったという話は少ない。逆に、身体障害や精神疾患などがあり、自身の限界に直面している登場人物は、悪役かコミカルな脇役ばかりで、不憫に思われることはあれ、憧れの対象にはならない。[32]

ジョン・ウィックは典型的なアクション映画の主人公キャラクターだ。ほぼ一人で敵の軍団を打ち負かし、本人は引退したいのにまったくそうはいかない。暗殺者、スパイ、スーパーヒーローなどを描いた映画でも同様に、任務でいくら大変な目に遭っても過酷な仕事を辞められない、鋼のように冷徹な男の生きざまが描かれる。『ブレードランナー』『ユージュアル・サスペクツ』『インセプション』などの米国を代表する名作映画にも、ジョン・ウィックと同様、「これが最後の仕事だ」と言いながら仕事を辞めないキャラクターが登場する。[33] その「最後の仕事」でおしまいになるわけがない。必ず続編が作られ、さらに過酷な仕事が回ってくるのだ。

『アベンジャーズ／エンドゲーム』では、宇宙的な大惨事を受けて、ソーは引きこもってアルコールに依存し、怠惰な日々を送る。このシーンでは、俳優に特殊メイクで肥満を演じさせることで、彼の落ちぶれ加減を面白おかしく示している。

ソーは多くの友人を失い、むごい大災害による宇宙の破滅を目撃したのに、この映画では、それがたいしたことではないかのように描かれる。その程度のことでは、ソーが引きこもって苦悩し非生産的になる言い訳には足りないのだ。

喪失の悲しみとトラウマへの反応としてごく自然なはずのソーの態度は、嘲笑すべき情けないものとして描かれる。観客のうち、太っている人や、依存症やうつに苦しんでいる人は、このシーンを見て、侮辱されたと感じるかもしれない。

こうした一匹狼の強い主人公を巡る妄想と執着は、もう何十年にもわたって私たちの文化に浸透し切っている。『マトリックス』『スターウォーズ』『ハリーポッター』などのシリーズはどれも、「選ばれし者」が主人公であり、悪を倒すにはすべてを犠牲にするしかないと強調される。劇中、主人公を助けるグループや脇役が登場しても、クライマックスの対決の瞬間には、主人公が傷つき苦しみながら、単独で敵と戦うことになる。彼には他人にない特別な能力があり、その力で世界を救う以外に道はないのだ。これを観た視聴者は、個人の能力や才能は自分のものので好きにしてよいのではなく、何かの目的に使うためにあると刷り込まれる。

自身の持つ時間や才能、さらには人生を他者に喜んで捧げない限り、ヒーローや善い人間にはなれないのだ。

『ドラゴンボール超（スーパー）』や『僕のヒーローアカデミア』といった子ども向けのテレビアニメでも、傷つき、痛みを感じながらも懸命に頑張る主人公が描かれる。私は旧バージョンの『ドラゴンボール』を観て育ち、バトルに勝つために瀕死になってもなお戦うキャラクターに感情移入していた。その番組では、まだ幼い子どもたちが血まみれの重傷を負いながら戦い続けるシーンが繰り返し描かれた。当時の私は、キャラクターが全力で戦うさまに感動し、自分もこんなふうにタフになりたいと願っていた。しかし、大人になって考えると、暴力や児童虐待が「一生懸命頑張る姿」として描かれていることに恐ろしさを覚える。

『スティーブン・ユニバース』や『アバター伝説の少年アン』など最近の子ども向けアニメは、以前よりも繊細な倫理観で作られているが、使命感に駆られた個人がたった一人で世界を救うという筋書きは変わらない。使命のためにすべてを犠牲にする以外に道がないならやれ、という話だ。現実の世界では、変革を求める闘いというのは、人びとが協力して徐々に進むものであるというのに。

インスタグラマーやユーチューバーなどSNSのインフルエンサーも、さかんに「怠惰のウソ」を拡散している。大人気インフルエンサーの動画では、成功したクリエイターがいかに努力し、犠牲を払っているかという話題が多い。すさまじい資産を得たのは、単に幸運だったからではなく、努力の賜物だというのだ。

ネット動画で（テレビ番組でも）起業家としての自己アピールを欠かさないインフルエンサーもいる。不休の努力を続け、新たなチャンスを探し続けた対価として、巨万の富と名声を得たと誇るのだ。

インスタグラマー兼モデルで、コメディアンとしても活躍するリッキー・トンプソンはファン向けのグッズを売り出すほど有名になったが（報筆時点で４００万フォロワーを獲得）、商品第１弾のＴシャツには彼のキャッチフレーズ、「Booked and Busy」（予定パッパッ）がプリントされていた。[34] **こうした超有名人は、常に「忙しい」ことの重要性をしつこく強調する。忙しいことは、彼らの仕事と人生の主要テーマなのだ。**

ゲーム実況やお笑い系のユーチューバーも同様で、ファンのためにどれほど頑張ったかを語り、プロジェクトに投じた時間の長さを強調する。ゲーム実況動画では、一心不乱にコンテンツを配信し続けて、ライブ配信中にカメラの前で寝てしまうストリーマーもいる。[35] 24時間以上ぶっ続けのライブ配信もあり、ひどいケースでは、睡眠不足と過労で配信中にストリーマーが死亡している。彼は亡くなるまで22時間ライブストリーミングを続けていた。[36]

とはいえ、視聴者、特に子どもにとって、一代で成功した人の話を聞く機会が多いのは望ましいことでもある。ＳＮＳのおかげで「誰が有名人や成功者になれるか」が多少は民主化されたとも言えるだろう。先に紹介したリッキー・トンプソンのように、クィアで黒人の20代の若者が、頑張って優れた動画を制作し、富と名声を得るというケースも出てきている。

しかし、いくらリッキーのような人が成功しても、さらに上には超人気ユーチューバー兼カリスマ美容家のジェフリー・スターのようなトップクラスの存在がいる。こうしたセレブたちは、ファン向けグッズの倉庫でスタッフが重労働をして儲けた大金で豪邸に住んでいるのだ。

このように大成功したスターが「自分が大金持ちになれたのは、とにかく自分が努力したからだ。それに尽きる」と強調していると、視聴者は、成功する確率について非現実的な期待を持ちかねず、この国で実際に起きている富の偏在についての理解が歪む恐れがある。

危険なほど過剰な働きぶりが喧伝される場合には、特に問題が大きい。メディアの報道には選択バイアスがあるため、人気インフルエンサーと同等の努力をしたが報われなかったケースや、その結果すべてを失った事態はメディアでほぼ報道されず、視聴者に認識されない。

ミュージカルやコメディなどで活躍するボー・バーナム（もとはユーチューバーとして活動を始めた）はこの現象をうまく言い表している。

「僕みたいに超ラッキーだった人のアドバイスは真に受けちゃダメだよ。テイラー・スイフトは『夢は叶う』とか言うけど、そんなの宝くじの当せん者が『全財産を溶かして突っ込めよ！当たるから！』と言っているようなものだからね[37]」

メディアでは、人が自分の限界を知って諦める瞬間や、助けを求める姿、あるいは、ただ心地よく楽しく生活する様子はほとんど描かれない。暴力や奮闘や苦悩の物語に比べて、幸せで健康的な暮らしに満足している人をメディアで描くのは相当に難易度が高い。強く孤独なヒーローのほうが、視聴者の心を簡単に摑める。それは視聴者である私たちが、ヒーローのような力や根性に憧れているからだ。私自身、そういったお決まりの物語にかなりモヤモヤしつつも、ジョン・ウィックがすさまじい精神力を発揮して、図書館の本1冊で敵の軍団をぶっ倒していくシーンを観れば、血が騒ぐ。

それでもやはり、「決して諦めるな」「自力で奮闘しろ」というメッセージを繰り返し、視聴者に教え込むのは、現実社会への悪影響が大きい。現実の人間には休息が必要だし、休むべきなのだから。

「たゆまず頑張り続けよ」と説くのは、なにも大衆文化だけではない。学校教育の現場でも「怠惰のウソ」は奨励されている。

今の教育システムは産業革命期にできたもので、工場労働者や倉庫作業員をトレーニングする前提で設計されている。[38] 今日でも、学校の時間割は一般的な就業時間とよく似た設計になっている。カリキュラムには柔軟性がなく、課題の締切は、生徒の事情は考慮されず、教師の裁量で決定される。そのため不登校児や、生活に何か変化があった生徒は置き去りにされる。授業に集中できない子、8時間じっと座っているのが苦手な子は、問題児として抑えつけられる。学科が得意でない子は教師から必要なサポートを受けられない。性別や人種、社会経済的階層などが、いわゆる典型的な「できる子」像に当てはまらない子どもたちも、支援から漏れやすい[39]。

もちろん、標準的な学校環境で伸びる子は存在する。私もそうだったが、じっと座っているのが苦にならず、言われたことをその通りにできれば、良い成績を取って毎回褒められ、事あるごとに励ましてもらえる。だが、その一方で、**多数の若者が「出来が悪い」「頑張りが足りない」「そんなことではどうせ今後も失敗する」というメッセージを受け取っているのだ。**

シカゴのロヨラ大学で、私は社会人クラスを受け持っている。学生の多くは、18〜19歳で一度大学に進学したものの、何かの理由で規定年数で卒業できなかった人たちだ。妊娠や病気、重病の親の介護などが理由の場合もあるし、学校以外のことに関心があったとか、大学で学ぶ意味が見出せなかった人もいる。残念なことだが、学生たちは「うまくいかないのは自分のせいだ」という思考に駆られている。大学を規定年数で卒業できなかったのも、自分が単に「怠惰」だったからだと思っているのだ。

数年前のこと、モーラという社会人学生が授業後、声をかけてきた。顔にいくつもピアスをあけて、髪をカラーリングしていて、私みたいな子だった。新しいタトゥーを見せたかったと言う。ピアスやタトゥーのこと、最近行ったコンサートなどを少し話すだけでも互いの共通点がたくさん見つかった。モーラに年齢を聞かれて答えると、同い年だった。それを知った途端、モーラは「自分は何もできてない」と言って、私のキャリアと自身の人生を比べて自分を責め始めた。冗談めかした言い方だったけれど、心から不安なのが伝わってきた。

自分より若くして成功している人を見ると、私も同じような気分になる。

自分の業績を他人と比べて順調かどうか定期的に確認するよう言われてきたので、自分より「先をいく」人を見かけると不安になった。普段は他人の人生を判定する性格ではないのだが。

私はモーラに20代は何をしていたのか尋ねた。モーラは大学の夜間部に通い、子どもを育てながら、大型小売店のマネジャーを何年も務めてきたという。若い子とルームシェアをしていて、その子たちの母親役もしていることがわかった。彼女たちの車が故障すれば職場まで送り、体調を崩したら看病している。さらにモーラの元夫は軍人で、何年も駐屯地についていっていたのだが、基地では仕事を見つけられなかったという。

どう考えても、モーラはさまざまな責任を背負い、とても豊かな人生を生きていた。彼女の20代の日々は私の人生よりずっと波乱万丈で興味深いものだったが、それでも彼女は「何もしていない」と感じている。モーラは私より人間的に成熟していてバランスが取れた大人だった。それを何とか伝えようとしたが、本心だと受け止めてくれたかはわからない。彼女はいつも、他の教員から「頑張りが足りない」「もっと精進しないと」と言われ続けていた。私の授業に出ていた学期に、モーラは他の授業の単位を落とした。仕事の緊急事態で試験が受けられず、担当教員が再試験を認めなかったからだ。

社会人学生によくあることだが、モーラも睡眠不足で時々集中が途切れているようだった。話してみると、やるべきことが多すぎる。

学生が疲れ切っているのを見ると教員は、やる気がないとか無気力だと誤解しがちだが、無気力そうな学生と実際に話してみると、ほとんどの場合、彼らは驚くほど生産的だ。フルタイムの仕事をしながら、自己啓発や他者の世話などに奔走している。こうした勤勉な学生に限って、自分は怠惰だと思い込んでいる。学生たちがそう思い込む背景には、本人にはどうしようもない状況で教師に叱責された経験も多くあった。

「怠惰のウソ」は学校や職場だけでなく、家庭や私生活にも入り込んでくる。ＩＴ技術の発達とＳＮＳの普及で、自由時間にも同僚からメールが届くようになり、忘れていた予定の通知が来てストレスを感じる。さらに、体型や、家庭や人生について罪悪感を掻き立てる「こうあるべき」というメッセージからも逃れられない。

デジタルツールを使って家でも仕事が可能にはなったが、仕事と家庭の両立が楽になったというより、上司に返信するプレッシャーが増えた。新聞や雑誌ではなくスマートフォンのアプリやSNSでニュースを見るようになったため、つらい画像や心を乱す内容を遠ざけておくのは難しい。InstagramやTikTokといったリラックスして楽しむためのオンラインのスペースでも、ダイエットグッズや家の模様替え、手間のかかる美容法などの広告が出てきて、それができていない罪悪感を持たされる。至るところで「まだ十分ではない」と言われるのだ。

罪悪感とプレッシャーばかり押しつけてくるネット空間と接続を断ったところで、今度は、家族や同僚、友達に対して「消えた」ことへの罪悪感に苛まれる。

なぜ怠惰な気分になるのか?

「怠惰は存在しないと思う」と私が言うと、たいてい面白い反応が返ってくる。相手はどれだけ自分が怠惰かを言い連ねて、私を説得しようとするのだ。「たしかに『怠惰』だと決めつけられている人は、実際にはすごく頑張っているんだろうし、非生産的に見える人にも実は障壁や困難があるんだと思う。でもね」と相手は言う。「私はそういう人とは違う。私の場合は単なる怠惰で、それは自分に問題がある」と言い張るのだ。**自分こそが世界の誰よりも怠惰で最悪だと主張するのである。**業績も意欲も高い人が、ひどく怠惰だと自分のことを恥じているのだった。

初めてこういう会話をしたのは、友人のマイケル・ロイと遊んでいるときだった。彼はバードキャップというアーティスト名でストリートアートや壁画を発表している。世界中を旅して、外壁や内壁に鮮やかで細やかな絵を描く。古代の神話の登場人物と、彼自身の若い頃の懐かしいイメージを合わせたような作品だ。才能があり努力家だからアーティストとして成功したのだが、2015年につるんで遊んでいたとき、マイケルは「自分は恐ろしいほど怠惰だ」と打ち明けた。

私はマイケルに「世界中を旅して回って壁画を描いて、助成金の申請をして、フリーランスのクライアントのためにデジタルアートを作って、それを同時にできるなんて、すごいエネルギーだよ」と伝えた。マイケルは肩をすくめて、「そうやって自分を追い詰めるしかないんだ。さもないと怠惰に飲み込まれて二度と作品制作ができなくなるから」と答えた。彼の頭の中では、生産性というのは0と1の2進法であるらしい。昼は壁画、夜はデジタルアートと常に制作しているか、あるいは完全な怠け者で創造力も将来性もゼロか、の2択だと思っているようだった。
当時、マイケルには自分の家がなかった。移動が多く、アパートを借りる意味がないためだ。カラースプレーを詰め込んだバックパックを持ち歩いて、人の家のソファやホステルで寝ていた。健康保険もなかった。陽の照りつける屋外で一日中汗だくになって、壁をプライマーでコーティングし、繊細なデザインをそこに描いていた。それでも本人は、怠惰に堕ちる瀬戸際にいると思っていた。

どう考えてもマイケルは怠惰ではない。猛烈に忙しい働き者だ。それでも多くの人と同様、「自分をもっと追い込まなければ」と強いプレッシャーを感じていた。彼が忌み嫌う「怠惰」な気分はおそらく疲労のサインで、彼は燃え尽きる寸前だった。でも、マイケルはそれを受け入れるわけにいかなかった。彼の周囲の人は皆、頑張って打ち込むことを称揚し、弱みを見せないのが良いと信じていたからだ。

ビジュアルアートの世界は競争が激しく、ときに熾烈な争いになる。成功したければ精力的に活動を続け、新作を創るかたわら、自身のウェブサイトやブランドを立ち上げる必要がある。毎日、知人のアーティストがSNSやインタビューで成功を宣伝するのがマイケルの目に入る。忙しく作品制作をし、助成金の申請を行い、新しい仕事を獲得しながら、マイケルはInstagramの新規フォロワー数やインタビュー依頼が来るかも気にしなくてはならない。

こうしたプロの世界では、限られたチャンスとSNSでの注目を巡って、多忙さを競い合う。アーティストには将来の保証がないので、受けられる限りの仕事を受ける。同時に、イケていてクールだというパブリックイメージを打ち立てるのも重要だ。各人が、新進気鋭の人気アーティストとして自己プロデュースをしているため、自分が業界ヒエラルキーのどこにいるかも把握しづらい。こうしたわけで、いくら自分が多忙で押しつぶされそうでも、他の人は自分の10倍の活動をしているように思えてしまう。

マイケルのように感じている人は多い。自分は崖っぷちにいて、休みを取ればすべてが終わると恐れながら、深夜まで活動を続けている。現代は経済的な不確実性が高く、多くの業界で変革や自動化が進んでいる。フルタイムの安定した働き口が減り、フリーランスや、単発や短期で請け負うUberなどのギグワークに置き換えられた。メールやSlackなどのデジタルツールによって職場と家庭の境界線はあいまいになり、仕事に侵食されて完全な休暇は取れない。さらにSNSで他人の活動や業績を常に知らされるので、自分は落ちこぼれたダメ人間だと感じてしまう。

奇妙なパラドックスだが、自分にとってちょうどいい以上のことをやろうとすると、かえって何もできていない気になるものだ。「やることリスト」に自分ができる以上のタスクを並べていれば、いつになっても達成感は得られない。上司から質問や要求のメールが常に届くと、寝る前に電話を電源オフにすることにさえ罪悪感が芽生える。運動や、社会活動への参加、友達とのおしゃべりまでスマートフォンのアプリに追跡、測定されるため、自分は周囲の期待を裏切っているように思えてくる。私たちがだるく怠惰な気分になるのは、ダメ人間だからではない。私たちは疲れ果てているのだ。

あなたも、スケジュール帳を見るたびに不安に襲われていないだろうか？　うまくやれる自信がない課題に手をつけられず、締切を先延ばしにしているかも？　毎日、何時間もTwitter（現X）を見たり、不要なネットショッピングをしたりして、時間を「無駄」にしているかもしれない。もしそうなら、きっとあなたは、どうにもやる気が起きず、怠惰な気分なのだろう。

こうした怠惰な気分、のんびりしたい欲求を感じられるのは、実はとても良いことなのだ。集中できない、疲れた、やる気が出ない、など怠惰な気分が起こるのは、実は私たちの身体や脳が休息を切実に必要としているからだ。燃え尽きる寸前には、集中力がなくなり生産性が落ちると実証されている。[40] いくらプレッシャーやストレスに強いからといって、やる気や集中力が魔法のように湧くわけではない。

こうした場合の対処法は、**しばらく生産性への期待値をぐっと引き下げることだ。**

頑張りすぎて疲れた人は、睡眠をしっかり取り、ストレスだらけの頭を休めて、思考と感情のエネルギーを充電する必要がある。そのための余裕を生活の中に確保すべきなのだ。もちろんマックスや私のように限界まで自分を追い込んでもいいけれど、手遅れになる前に自分を労って大事にできれば、病気や燃え尽きを経験しなくて済む。

ところが、「休みたい、リラックスしたいという欲求を持つとダメ人間になる」と「怠惰のウソ」は脅すのだ。それで私たちは、やる気が出ないのは恥ずべきことで、何を犠牲にしても避けなければと思い込まされている。でも実際には、疲労や動きたくないと感じる気持ちは、休養が本当に必要であると知らせてくれる、自分を守るためのサインなのだ。

怠惰になるのを恐れなければ、内省や充電の時間を取れるようになる。人間関係をつなぎ直したり、好きだった趣味を再開したりもできる。意識して、より穏やかなペースで人生を歩めるようになる。

「時間の無駄使い」は人間の基本的欲求だ。

この事実を受け入れて、健やかで楽しく、バランスの取れた人生を始めよう。

自分の「怠惰」な本性など恐れなくてよいのだ。

第2章

怠惰を再考する

怠惰がもたらすものを知る

知り合った当時、ジュリーはシカゴを拠点とするＮＰＯの代表をしていた。そのＮＰＯは、シカゴの公立校、特に財務状況や教員数に問題の多いサウスサイドとウエストサイドの生徒を対象に、クリエイティブ・ライティングの授業を提供していた。生徒の多くと同じ黒人やラテン系の俳優や作家、パフォーマーが授業を行い、生徒たちはその機会を楽しみにしていた。書くことを通じて子どもたちの創造力を開花させるのがＮＰＯの目標で、毎年、数百人がこのプログラムを受講し、短編小説や対話劇、あるいは本人の興味あるテーマについて説得力のあるエッセイを書けるようになっていた。

ＮＰＯの代表として、ジュリーは助成金の申請書類を大量に作り、物資不足やスタッフ解雇にならないよう健全な経営を行い、今後に向けて安定的な財政基盤を築いた。職員向けの専門研修も実施し、好評だった。スタッフの私的な問題への支援や緊急医療が必要な場合にはサポートもしていた。シカゴの公立校で教育経費が削減され、閉校が相次いだときには、教師のストライキやデモの現場にジュリーも駆けつけて連帯を示し、子どもが教育にアクセスできる環境を守るために闘った。バリバリと仕事で大活躍していたジュリーだが、同時に不安障害を抱えながら乳児を育てていた。

当時のジュリーは、まさに人間発電機とも呼ぶべき生産性の塊だった。激務をこなし、正義を求めて闘い、子育てをしながら、NPOのメンバーにとっては話のわかる信頼できる上司として奮闘していた。言ってみれば、ジュリーは「怠惰のウソ」が命じたゲームに全参加して連戦連勝している状態で、まさに「ハブ・イット・オール」(仕事も家族もすべてを手に入れる女性像)を体現していた。

だが、娘が1歳の誕生日を迎えた翌日の夕方、帰宅したジュリーに、夫のリッチは言った。

「もう君への愛情がなくなった」

ジュリーの人生は一気に崩壊しかけていた。以降2年間は、夫婦向けのカウンセリングに通い、精神科医など各種の医者にかかり、転居し、ヨガをたくさんして、いくつも仕事を辞めた。ジュリーにとっての優先順位が、がらりと変わったのだ。以前より「怠惰」なスローライフを受け入れるまでの、長い旅が始まったのだった。

ジュリーに「もう愛情がない」と告げた後の数カ月で、リッチはひどく不安定になり衝動的な行動が増えた。ジュリーのNPOの女性スタッフとも関係を持った。明らかに抑うつ的になり、自殺したいと言い出すようになった。ジュリーは離婚を考えず、リッチを支えて、彼の態度が激変した原因を一緒に探そうとした。彼がわざとひどい態度を取っているわけではない、という直感がジュリーにはあった。

「必死だったわよ。こんなの私の知ってる夫じゃない、リッチはこんな人じゃないって。20歳の頃からずっと一緒なんだから、お互いのことはよくわかってるもの」

精神科医の受診を重ねて、ジュリーの直感は正しかったと判明した。リッチには双極性障害があり、出張の多いフルタイムの仕事と育児を両立するストレスで発症したのだった。リッチは長年、病気があるのを知らずに自力で症状を抑え込もうと頑張ってきたが、生活のストレスは増え続け、症状が悪化していった。こうしてジュリーは夫リッチとの夫婦関係の修復に加えて、彼がちゃんと生きていられるようサポートに奔走することになった。

ある夜、リッチの精神状態が極めて悪化したため、ジュリーは彼を病院に連れていった。支援を求めてジュリーは「こころのホットライン」にも電話をかけた。予想外にも、相談員はジュリー自身の状態について確認した。

「あなた自身はどうしているの？　大変でつらい時期だけど、自分の心をいたわるために何かできている？」

答えられるようなことは何もしていない、とジュリーは気づいた。自分のメンタルを気にする余裕など皆無だった。

「それでやっと、こんなの無理って気づいたの。2人ともフルタイムで働きながら、私一人で娘と夫と会社とスタッフ全員のケアもやるなんて。ストレスだらけで、続けられるわけがない」

夫婦で優先順位を考え直さなきゃいけない、とジュリーは気づいた。仕事や娘の世話、2人の関係、心の病など、多忙な上にストレスも多く、無理がたまっていた。そこでジュリーは計画を立てた。リッチの仕事はシカゴでなくても中西部にいればできるから、生活コストの安いところへ引っ越せばいい。家賃や物価が高くないところに住めば、ジュリーは家で娘とリッチのために時間を使えるし、リッチも休んで治療と向き合えるはずだ。都会の喧騒を離れて郊外に住めば、ジュリー自身にも自分をいたわる余裕ができるはずだ、と。

やってみよう、とリッチも同意した。ジュリーはNPOの代表を離職し、持ち家を売って引っ越しの資金にあて、ウィスコンシン州に居心地のよい値ごろな家を見つけて転居した。

「私たちは恵まれていたから、かなり鼻につく話だよね」とジュリーは言う。「持ち家を売ればかなりの金額になるとわかっていたから踏み切れたの。すごくラッキーだった」

現在のジュリーは「専業ママ」を自称しつつ、自宅で複数のビジネスを立ち上げている。ウィスコンシンに移住して4年で、小規模ながら3社を起業した。相変わらず猛烈に働く癖は抜けていないようだが、それでも、以前と違って息をつく余裕ができたとジュリーは言う。

「今は自分のことや他の人を思いやる心の余裕ができた。だから前よりはずっと優しく寛容になれたと思う。シカゴにいた頃は、さあ出勤だ、お迎えだ、ひどい渋滞だけど娘をどこで降ろそう、どこに車を停めよう、って考えてばかりで周りが見えてなかった」

今では、ジュリーは自分の仕事量にリミットを設定し、家族にストレスがたまらないよう気をつけている。そこを間違うと取り返しがつかないと知っているからだ。ダンススタジオでパートタイム講師の仕事を始めたジュリーだが、講師間で人間関係の争いがあり、それが自分のストレスになっていると気づいた。ダンス業界は性差別や体型差別が根強く残っており、そのような環境に娘や自分を置きたくなかったこともあって、彼女はすぐに仕事を辞めた。数年前のジュリーだったら、仕事を始めてすぐにノーの意思表示をするのは困難だったろう。

ジュリーにはすでに、自分自身の優先順位でスケジュールを組み直し、自分なりの生活ルールを守る感覚が身についていた。自分にとって良くないことは避けられる。

「これは本当に陳腐な物言いだけどね、ヨガでバランスのポーズをするたびに、バランスを取るってこんなに大変なんだと思うの。常に意識して、重心を保てるよう変化し続けなきゃいけない」

ジュリーとリッチは結婚生活でも健やかなバランスを取れるようになった。家族や友達にこれまでの経緯を隠さず率直に伝えて、困ったときに助けてもらえる関係を構築していった。2人の間のコミュニケーションも見事なほどに変わっていった。

「ある日の夕方、私はメンタルがやばいなと思っていて、リッチもそうだった。2人とも家のことをしていたのだけど、私はリッチに、『多分このままだと喧嘩になるよ』って言ったのね。緊張が高まってきているのに気づいて、『これを口に出して伝えてみたらどうなるかな』、と思ったわけ」

怒りが湧いてくるのに気づいたジュリーは、リッチと話して、感情を鎮めることができた。「リッチはね、『僕は喧嘩したくない』と言ったの。で、『私もだよ』って伝えた。この逃げ出したいやばい感じを口にするのは怖かったけど、おかげで喧嘩せずにうまくいなすことができた」

ジュリー、リッチと話していると、お互いに率直に洗いざらい話せる心地よい関係だな、といつも思う。2人の間の穏やかさ、誠実さというのは、他のカップルの間にあまり見ないものだ。一度はずたずたになった関係を彼らは立て直し、剝き出しだけれど、辛抱強く続けられる関係へと変えていった。2人ともが働きすぎのままだったら、この関係性は作れなかっただろう。

ジュリーの話を逃げや諦めだと受け取る人もいるかもしれない。実際、ジュリーの母親は、娘が生き方を変えたことをなかなか受け入れられなかったという。ジュリーは自分の変化を「サレンダー」（降伏、身を委ねるの意）と呼んで、腕にそれを表すタトゥーを入れた。それを見た母親は困惑した。

「タトゥーについて母親にあれこれひどいことを言われたよ。なんて情けない言葉なの、とか」

でも、ジュリーの新しいタトゥーや生活のあり方は、「何もかもをコントロールできるわけじゃない」という、彼女が自分で見つけた考え方を表したものだ。自分を心身共に健康で幸せに保ちながら、フルタイムの仕事と子育てをこなし、夫婦関係の再構築も同時にやるなんて、できるわけがない。**自分に必要なことを差し置いて、他のみんなのニーズを優先するわけにはいかない。豊かな人生のためには、何かを諦めなくてはならない。機会を逃したとか仕事を断ったからといって、いちいち罪悪感を持たなくていい。**そう彼女は学んだのだ。

この学びを得るのはとても難しい。怠惰は邪悪だと見なす世界で、「やりません」と断ることは受け入れられない。私たちの文化では、物事を続けずにやめる人は軽蔑される。中止判断の正しさや自分を守ることの重要性は評価されず、「根性がない」「信用ならない」と思われる。たくさんのタスクをジャグリングのように必死でやりくりしている人は、「ハブ・イット・オール」と褒め称えられるが、当人が「この役割を全部やりたいわけじゃない」とか「こんなジャグリングを続ける意味はないかも」と判断したらどうだろう。撤退判断を尊重できるだろうか。背負い続けた重荷を下ろす判断を称えられるだろうか。

私たちの多くは、「降伏」の仕方を身につけていないため、本当にそれが必要でも、どうすればいいかわからない。**ずっと「はい、やります」と言わされ続けていたせいで、毅然とノーと言うだなんて見当もつかないのだ。**

「怠惰」は、身に余る贅沢だと思われている。「怠惰のウソ」に監視されている世界では、自由時間を欲しがる気持ちは隠すべきだと思っている人が多い。私も予定をキャンセルする際には、説得力のある立派な言い訳を探してしまう。「ごめん！　ボードゲーム飲み会に行けないや。夜中まで残業があるから」などと言って、事実(単に行く気がしないだけ)を隠そうとする。「外出せずに家でだらだらしたいんだ」と本心を伝えたら、怠惰に映るだろう。自分は情けない人間だと周りに弱みを言いふらすようなものだ。

でも、本当はまったく違う。自身の限界や欲求を素直に認められるのは、弱みではなく強さの証しである。頼まれごとを断ったからといって、必ずしも他者を傷つけ、失望させるわけではない。むしろ「いや、私はやりたくない」と自分がはっきり言っていれば、周囲の人も必要な場面で同様の態度を取りやすくなるはずだ。「怠惰」だとして疫病のように忌み嫌われてきた態度は、実際にはとても成熟した、責任ある選択なのだ。

第1章では、「怠惰のウソ」という価値観の成立過程を示し、「怠惰のウソ」のせいで私たちが結局は失敗して、疲弊していく仕組みを解説した。

本章ではこの議論をさらに進めて、休む、辞める、手を抜く、といった「怠惰」だと貶(おとし)められてきた行為こそが、回復や人間的成長に役立つことを示す。

多くの研究が示す通り、「怠けたい」「何もしたくない」という怠惰な気分になるのは、自身を守るための有効な働きだ。何もしない「怠惰」な時間への欲求を否定せず、その感覚を大切にすれば、人生がずっとうまくいくことは、実証済みの事実なのだ。

本当に悪い怠惰はあるか？

最近、Twitter（現X）で大学に入りたての若者とバトルをした。いや、バトルというよりは、白熱した長い議論と言えばいいだろうか。相手は、「怠惰は悪だと教えられてきたが、それは違う。怠惰には意味がある」という私の考えに噛みついてきたのだ。

私は数年前にネット上にエッセイを投稿し、「一見、『怠惰』に見える人にも、実は正当な理由があり、そのせいでやる気やエネルギーが出ないのだ」と論じた。[1] 相手の経験したことを理解すれば、一見、自滅的でひどく「怠惰」な行動にも意味があるとわかるはずだ、と。

それに対して、ある若者（仮にジェームスとする）が、「客観的に見て、無意味でダメな『怠惰』もあるのに、それを無視している」と反論した。

ご多分に漏れず、ジェームスも自分自身の不精や「怠惰」を、他人のものよりも悪質だと考えているようだった。彼の「怠惰」はうつが原因なのだが、メンタルの不調は「悪い」態度を正当化できないと彼は主張する。

「外に出る気力が湧かないまま一日終わることもよくあるけど、さすがにこれはダメですよね。この手の怠惰は問答無用でNGでしょう?」

また、高校時代、ジェームスは友達と怠けぶりを競っていたという。学校に楯突いて、わざと宿題に手をつけなかったそうだ。授業が始まる直前の1時間でレポートをやっつけることで有名な生徒もいた。「この怠け方は、さすがに正当化できないですよね?」

さらにジェームスは、大学の知り合いが無気力で自暴自棄な生活をしていると言った。正当な理由もなくサボっているんだ、と。「何も問題なさそうなのに、ただ面倒だから課題をやらない人の擁護は無理でしょう?」というわけだ。

ここでジェームスが言及したのは、社会で「怠惰」のレッテルを貼られがちな3タイプだ。「抑うつ状態の人」、「先延ばしにする人」、学業や仕事に意味が見出せない「無気力な人」である。会社の上司や学校の教員はこのような人を軽蔑する。当人のやる気のなさに、家族や友達も困惑する。世間からは、社会に「貢献」していないと責められるだろう。

でも、これら3タイプの人にモチベーションが欠けている理由は明確に説明がつく。それは「怠惰のウソ」が説くような個人の欠陥でもなければ、邪悪な道徳的退廃でもない。

「怠惰」のレッテルを貼られがちな3タイプ

タイプ1 ――― 抑うつ状態の人 ―――

許しがたい「怠惰」としてジェームスが挙げた第1のタイプは、抑うつ状態の人だ。議論が始まってすぐ、ジェームスは「自分もうつ持ちだ」と言った。抑うつ症状のエピソードを語り、それが外から見てどれほど「怠惰」なのかを言い連ねた。

「怠惰という言い方は良くないかもしれないけど、でもその通りなんだ。うつ病のときは寝ているだけで、何もできない」とジェームスはツイートした。

うつになると、ジェームスには部屋の掃除や課題に取りかかるエネルギーが湧かない。授業にも出られず一日中寝ている。こんなふうに生活の全側面が立ち行かないのは「怠惰」だからだ。ほら、これは「良くない」怠惰でしょう、とジェームスは言う。

うつ病をこのように考える人は多いが、これには大きな問題がある。多くの人びとがメンタルヘルスの啓発活動に尽力してきたにもかかわらず、心の病に対する差別や偏見、無知は今も根深い。

学生が課題の提出期限を守れないとき、うつ病で力が出ないのは言い訳にならない、と大半の教員は今も考えている。[2] 部下が上司にうつ病について打ち明けると、他の従業員よりも病欠時の対応が厳しくなり、他の従業員と同質の業務をしていても解雇率がはるかに高くなる。[3] うつ病を持つ青少年の親は、子どもの症状に対して理解やサポートをせず、批判しがちだ。[4]

うつ病は、目に見える身体症状が出ないために、何かを完遂するエネルギーがない理由をなかなか周りに理解してもらえない。

2018年の大規模調査では、回答者の30％以上が「うつ病は『性格の弱さ』が原因で起こる」という文言に「そう思う」と答えている。[5]「怠惰」な人を頭ごなしに非難し、責める傾向は、今の文化でも非常に根強いのだ。ジェームスがこういう考えに染まるのも無理はない。

では、なぜうつ病の人はこんなに「怠惰」になるのだろう。

第1に、うつとの闘病はフルタイムの仕事だという点が挙げられる。うつ病の人が長時間睡眠を取るのは、脳がネガティブな思考や感情と一日中闘っていて疲弊しているからだ。[6]しかもうつ病患者は睡眠の質が低い。そのせいで同じ8時間睡眠でも、健康な人のように疲労が取れない。重度のうつ病で希死念慮もある場合には、睡眠だけが、つらい人生からの逃げ場になる。うつ病の人の一見「怠惰」な態度は、心身を守るメカニズムが作動し、回復に向けて動いているサインなのだ。

第2に、抑うつ状態では脳の機能も低下し、計画や実行が困難になる。洗濯などの、健康な人には簡単な作業でも、うつ病の人にとっては、つらいタスクの集合体なのだ。[7]脳がうまく機能していないときには、1つのタスクを小さなステップに分割できない。うつ状態では記憶力や注意力、情報の取捨選択能力も低下する。[8]疲れ切った人がタスクをやり損なうのは、道徳的な退廃ではない。生活のある場面を乗り切るために、他の場面で「怠惰」になることが不可欠な場合も多い。

タイプ2 —— 先延ばしにする人 ——

この時点では、ジェームスは私の議論にまだ納得しておらず、「許されない怠惰もある」と自信を持っている。そこでジェームスは話を変えて、高校時代に友達と「怠惰さ」を競って課題の先延ばしをしていた経験を語った。

「僕らは『先延ばし屋』を自認していて、サボるのがカッコいいと思っていた」と彼は書いた。「厳しい学校への反抗みたいなものだった。授業の1時間前にやっと課題に手をつけるとか」

先延ばしという「怠惰」はどう考えても許されないだろう、というわけだ。先延ばしをする人には目的や目標もなく、作業の出来も中途半端だ、事前にもう少し頑張っておけば悲惨なことにならずに済むのに――少なくとも他人からはそう見える。だが実際には、先延ばし癖はそれほど単純なものではない。タスクを気にかけ、うまくやりたいと望んでいるからこそ発生する難敵なのだ。

先延ばし癖で動けなくなるメカニズムを説明しよう。

本人が取り組むのが不安で動けないか、あるいは複雑な案件にどう手をつけていいのかわからないために先延ばしは起こる。その両方の場合もある。

このように不安や混乱で動けなくなった経験のある人は多いだろう。たとえば、とても魅力的な求人があったとしよう。夢に見た仕事で、めったに無いチャンスだ。あなたは抜群によく書けた応募書類を締切前に提出して、人事部長を魅了し、競争相手を打ち負かしたいと望む。だが、手をつけてみると、どうにも進まない。志望動機に何を書けばいいのだろう。推薦状が必要だが誰に頼めばよいかわからない。自分の履歴書は更新できておらず、情けない気がしてくる。

そのうちに、応募書類のことを考えるだけで緊張や吐き気を感じるようになり、不安から気をそらすべくテレビゲームを始める。書類作業が進まなかったのに罪悪感を覚えて、ますます不安は強まる。だから昼寝や台所掃除を始める。気づけば1週間経ったが、まだ求人要項を細かく見てもいない。おそらく鼻をつまんで一気にやっつけてギリギリで提出するか、あるいはもうチャンスを無駄にしたと思って何もしないかだ。いずれにしろ、自分は怠惰なダメ人間だと落ち込むことだろう。

先延ばしにする人は、実際には、完璧主義からの不安↓気晴らし↓失敗、というサイクルに絡め取られている場合が多い。うまくやろうと思い詰めて、非現実的なほど高いハードルを自分に課している。

「完璧」にやりたいのだが、初期段階での試行は完璧には程遠い。それでくじけて不安になる。時間が過ぎて締切が近づいてくるにつれ、よりナーバスになり失敗を怖がる。この不安をなだめるために、気を紛らわせられる他のことを始める。そして、ついに締切が来たときには、先延ばしタイプの人は、雑なやっつけ仕事を出すか、完全に諦めるかの2択を迫られる。

ジェームスは自分や友人の先延ばし癖には正当な理由がないと思っているらしい。わざとサボっているのだから悪いに決まっている、と。だが、他の先延ばしの人と同様、彼らの行為にも共感すべき理由はある。

先延ばしタイプは怠け者のレッテルを貼られがちだが、彼らにやる気がないわけではない。むしろ、やらなければと真剣に思い詰めている。タスクが自分にとって重要な状況ほど先延ばしが発生する、と実証されている。[10] 自分に自信がなく、どうやって始めたらよいかわからないため、生産的な方向に進めないのだ。[11]

幸い、いつも先延ばしにしてしまう人にも、このサイクルを打破する方法はある。大きなタスクを小さな作業に分割し、短期の締切を設定するサポートと励ましが得られれば、うまくいく。「10ページのレポートを書き上げる」という課題には足がすくむが、「1日2段落を書く」ならやれないこともないだろう。不安にならないよう自身をケアしつつ、このように進めれば、先延ばし癖のある人でも、自己実現と信頼性を高められ、自分の能力に自信がつくはずだ。[12]

タイプ3 ―― 無気力な人 ――

では、本気でやる気のない人はどうなのだろう。単にタスクがどうでもいいから手をつけないのだろうか？　ジェームスは、厳しすぎる学校への反抗として課題をサボる友人の話をしていた。これは、不安障害やうつ病の人や、作業の進め方がわからず困った結果、怠惰に見えてしまう若者の話とは様子が違いそうだ。本気で課題なんてどうでもいいという人もいるだろう。

こうした無気力、やる気のなさは、他の怠惰とは違って悪なのだろうか。このタイプだけは非難に値するため、この点では「怠惰のウソ」が正しいのだろうか。

いや、そうではない。誰かがやる気がない場合、その人が悪いわけではなく、むしろ、それまでに何か問題があったのだろうと考えるべきだ。

たとえば代数の授業や課題にやる気が出ない生徒は多い。「リアルな生活」で代数が役に立つわけがないと思っているのだ。

数学についてはかつて私も同意見だった。学部時代に、統計の授業でC（可）をとった。授業は難しく（退屈だったし）、真剣に捉えていなかったのだ。統計はあまりに抽象的でぼんやりしていて、自分の人生に関係があるとは思えなかった。統計学は心理学の専門家になるには必須の知識だと教えてくれる人は当時いなかった。授業中も、その重要性はよく伝わらなかった。

大学院の研究課程に進んで、ようやく私の統計への姿勢は変わった。自分の実験結果が有意かどうかを判断するには統計が必要だと気づいたからだ。自分の集めたデータを分析できない限り、心理学研究者としてのキャリアは行き詰まる。

そこで統計を頑張ることにした。少しずつ統計をマスターし、今では熱心に統計を教える側である（好きな教科なのだ）。社会運動団体のデータ分析なども、統計コンサルタントとしてサポートしている。この境地まで来られたのは、難解でつまらない科目が、自分の人生と実際にどう関係しているかを理解できたからだ。

今、統計を教える際には、なぜ時間と労力をかけて統計を学ぶのか、「取り組む意義」を学生が納得できるよう尽力している。優先して取り組むべき理由をきちんと示せば、学生はそれを理解し努力をするものだ。

それで、何かの社会活動――経済的自立や学位取得、投票など――に無関心な人に会うと、**「なぜ相手にとってこれが無意味に映るのだろう」**と理由を考えるようになった。

ジェームスたちが宿題を真面目にやらなかったのは、厳しすぎる学校への反抗だったという。その気持ちはよくわかる。自分のことを信頼してくれない管理環境に閉じ込められたら、反抗したくなるのが自然だ。四六時中、何をやるか、どうやるかに大人が口を出してくる中で、10代の子にやる気を出せというのは難しいだろう。学校が生徒の自由と主体性をもっと尊重していれば、ジェームスたちもサボらず頑張っていたかもしれない。

うつやトラウマのせいで無気力になる人もいる。[13] あるいは、抑圧され続けると気力が奪われる。これは心理学で「学習性無力感」と呼ばれ、虐待の被害者や投獄されていた人、何世代にもわたり貧困や人種差別に苦しめられてきた人に見られる現象だ。[14]

自分の人生を自分で決める権利を奪われると、やる気を出す理由はなくなり、頑張る意味も見出せない。[15] そうなると無関心や諦観で自分の感情を守ろうとするのだ。上司のマネジメント能力の低い職場では、従業員は無気力になる。いくら頑張っても理解も評価もされないからだ。[16]

あるいは、米国の有権者の投票行動を見ると有色人種や貧困層の投票率が低いが、これは自分たちの利害が政治に反映されるはずがないと諦めているためだ。[17] こうした状況で自分の出力レベルを下げるのは、きわめて合理的な行動だ。美しくない現実だが、これを個人の問題だと矮小化すべきではない。

このように、「怠惰」とされる行為は、実際には、困難を抱えた人がそれに対処するための技術であり、欲求や心身のニーズを踏まえて優先順位をつけた結果なのだ。限界まで追い詰められている人に「怠惰」な感情や行動が現れるのは当然のことだ。

無気力、やる気のなさ、集中力の欠如、あるいは「無駄な時間を過ごしたい」「何もしたくない」という感情には意味がある。**これらは警告信号だ。自分が限界まで来ていることや、援助の必要性を知らせてくれるサインなのだ。** ただし、この高度かつダイナミックな警告システムを活用するには、「休みたい」という気持ちを、許されざる「怠惰」だと見なす慣習から脱却する必要がある。

怠惰は心身の警告信号

生産性や燃え尽き症候群に関する実証研究によると、人間の仕事量には上限がある。そしてこの限界は思っているよりずっと少ない。たとえば、週40時間労働（米国では人道的かつ適切な労働時間とされている）は、大半の人には長すぎて負担が大きい。[18]

人間は機械ではない。私たちの心身は、反復作業や気を使う業務に1日8時間以上も耐えるようにはできていない。それでも多くの人は自分の限界を超えて、健康でいられる時間以上、頑張って働こうとする。

「怠惰のウソ」は、人が無理なく続けられる以上の生産性を目指すよう、私たちを焚きつける。その結果、多くの人が壊れるギリギリのところで生きている。その極限で激しい衝突を起こす人もいる。ジュリーは心身を壊してようやく、仕事と私生活の境界線が必要だと悟った。マックスもそうだった。私も、のんびりするしかないと気づくまでは、何カ月も体調不良に苦しんだ。だが本来は、生き方を転換するために激しい苦痛を経験する必要はない。私たちの身体と脳は完全に心身が壊れる前に、段階的な信号を細かく発して、「ブレーキを踏め」「生産性より健康を優先せよ」と伝えてくれている。それなのに、「怠惰のウソ」が「信号など極力無視せよ」と命じてくるのだ。

レオは、いつも自分を追い込んでは挫折と燃え尽きを繰り返すという珍しい才能の持ち主だ。いつも過剰な量のタスクを背負い込んでは、結果、持ち場を広げすぎて大変なことになっている。最近になってようやく、自分のできる限界を理解し、心身の発する「怠惰」の信号を無視せずに受け止められるようになった。だが、ここまでの長い道のりは挫折だらけで苦しいものだった。

レオは現在30歳だが、私が大学で出会った当時から、仕事中毒で頑張りすぎるタイプだった。学生時代のレオは、野心家で、知的で、政治活動にも熱心で、いつも選挙の資金集めを組織し、地元レベルから国政まで、あらゆる政治活動のボランティアをしていた。大学では、無神論者の団体や民主党の大学支部など、すさまじい数の団体に参加し、あらゆる政治問題に関心を持ち、賛同する主張の実現に向けて、あらゆる手段で闘った。中西部全域を移動して投票率UPキャンペーンを行い、有権者登録をサポートし、論点を伝えて回った。大学では、取れる授業はすべて履修した。

そして毎学期、数週間も経つと、当然ながらレオはパンクしてしまい、授業を欠席し、課題の締切を守れず、自分が頑張って計画した校内のイベントにも出られなくなっていた。

燃え尽きてひどい抑うつ状態になるのだが、そのことを当時の本人は話したがらなかった。「何日も寝室に引きこもってた。惨めだし、出かける気力もなかったね」と、レオはその頃について語った。「午後になって水か何かを取りに下の階に下りるまで、ルームメイトは僕が出かけてると勘違いしてた」。

こうして燃え尽き状態になると、大量の約束や計画を守れなくなる。締切は過ぎ、イベントにも出られない。汚れた食器は机に積み上がっていく。それでも、次の学期になると、レオはまた履修登録をしまくって、新しい役割や責任を背負い込む。

「今回こそは今までとは違うんだ、って毎回思ってた。前にやらかしたのは、計画をうまく管理できなかったのと、頑張りが足りなかったせいだって考えてた」

大学在学中、レオはやる気と努力が足りないのが問題だと信じ込み、タスクの背負いすぎが問題だとは気づかなかった。それで毎回、燃え尽きていた。自分がダメになる行動パターンを理解できていないようだった。あるいは、わかっていたけれど「怠惰のウソ」のせいで、ブレーキをかけられなかったのかもしれない。

卒業後も、レオは政治活動に熱心で、いつも頑張りすぎていた。2012年の大統領選では、やる気倍増で国内を飛び回り、ボランティアを組織し、自分にできるすべての方法でオバマの選挙運動にのめり込んだ。フルタイムの仕事に加えて大学院の社会人クラスを受講し始めた。

さらに、自由時間のすべてを注ぎ込んで、政治的対話を続けた。オハイオ州のＬＧＢＴＱ＋の権利や保険制度に興味のない人たちと対話して、考えを変えようとした。

レオは戦略シミュレーションゲームの愛好家で、歴史や哲学の本をよく読む。頭でっかちの理想家で、短期の衝動や欲求よりも長期的な結果を重視する性格だ。だからこそ、その時点での自分のニーズや限界を意識するのが難しかったのだろう。フラフラで壁にぶつかって初めて、自分が疲れていたと気づくタイプだ。

結局、何年も経ってようやくレオは、怠惰な感情を恐れる必要はなく、それは頑張りすぎへの警告信号なのだと理解したのだった。

「何もしたくない」という怠惰な気分は、日常生活の中で生理的欲求などの心身のニーズにうまく対応できていないとき、そのサインとして現れることが多い。不足しているものを得ようと身体が働きかける、よくできた機能なのだ。

空腹になると、食べ物のことばかりが頭に浮かび、お腹は鳴り、胃酸が出て調子が悪くなり、気力も落ちて不機嫌になる。今やっている作業を中止して何か食べるまでこれが続く。[19] 睡眠不足の場合には、身体が疲れてきて昼寝をしたくなる。それでも眠らないでいると、脳は「マイクロ睡眠」と呼ばれる、覚醒時に一瞬だけ休眠する動きを一日中するようになる。[20] 心身がリラックスできる時間が足りないと、日常生活での集中力が途切れ、ぼんやりしがちになる。

「ネットでだらだら」は生産性向上につながる

私が指導を担当している大学院生のマーヴィンは、本人の意志に反して「怠惰」な行動をしてしまう事象を研究しようと考えた。ストレスや疲れがあるときに、人びとがFacebookを見たりネットショッピングをしたりする現象に着目したのだ。

これは多くの人に馴染みのあるサボり方で（あなたはどうか知らないが、私はほぼ毎日欠かさずやっている）、社会科学の研究では**「サイバー・ローフィング」（ネット上でぶらぶらすること）**と呼ばれている。

平均的な人は1日に何度もサイバー・ローフィングをしているが、特に知的負荷の高いタスクを終えた後や、ある案件から別の作業へと心理的な「ギアチェンジ」が必要な際に、この行為がよく見られる。[21]

サイバー・ローフィングは、一度リラックスして脳を再活性化するための行動で、職場の給湯室でおしゃべりをしたり、特に必要はないのに備品スペースまでペンを取りにいったりする行為と本質的には同じだ。[22]

生産性の専門家や経営者には、サイバー・ローフィングは評判が悪い。業務時間「泥棒」的なひどく怠惰な行為だと嫌われている。２０１４年の調査では、サイバー・ローフィングによる生産性の損失は推計年間540億ドルに上る。[23] だが、この手の計算は根拠のない仮定に基づいているため額面通りに受け取るべきではない。サイバー・ローフィングの時間がまるまる生産的に使われた場合を仮定しており、働く人たちが怠惰になることは想定していない。果たしてそれは現実的なのか、マーヴィンは疑念を持った。

マーヴィンが先行研究にあたったところ、サイバー・ローフィングのポジティブな効果を示す研究が見つかった。

2017年にメディア研究者のシャファート・フセインとトラプティマイ・パリダがエチオピアの行政補佐官を対象に行った研究では、短時間のサイバー・ローフィングは、退屈な事務仕事を片付けるのに役立っていた。

長時間にわたる文書作成、ファイル整理、複製資料の作成、その他の雑用には飽きが来るが、サイバー・ローフィングによって精神的にリフレッシュでき、仕事を再開する気力が回復するため、生産性が保たれていたのだ。[24] うまくサイバー・ローフィングを取り入れることで、従業員の生産性が上がったとする研究は他にもある。[25]

加えて、サイバー・ローフィングによってチームがうまく機能するようになり、業務上の課題にユニークな解決法を考案できるようになると示す研究も見つかった。[26] だらだら過ごすことで、クリエイティビティや洞察力が改善するのだ。

さらにマーヴィンは、一定量のサイバー・ローフィングは不可避だという根拠も見つけた。トイレやランチ休憩と同様に、働く人には脳を休める時間が必要なのだ。

何時間も仕事に集中していると、自制心は徐々に低下し、サイバー・ローフィングへの衝動は強まる。[27] こうして自制心が負けると、何か気晴らしをしようとする。経営者や管理職は、従業員のこうした行為を防止すべく、パソコン使用履歴をモニタリングしたり、FacebookやAmazonが表示されないソフトウェアを導入したりする。単純に、サボっている社員を見つけて叱責することもあろう。だが、どんな対策をしようとも、サイバー・ローフィングは不可避だと示す研究は多い。[28]

機嫌よく仕事に集中するためには、だらだらとローフィングして過ごす時間が必要なのだ。それを「時間の無駄」だと見なすのは、トイレ休憩は道楽だから不要だと言うに等しい。

インターネットを使ってサボれなくなっても、従業員は別の方法を見つけて逃避をする。お茶を淹れる、鉛筆を削る、同僚の席に行って世間話をするなど、別の「時間の無駄」を編み出すわけだ。職場の生産性の研究では、こうした行為も「時間の無駄」とされるが、それをなくす方法は発見されていない。「時間の無駄」は人間にとって自然かつ健全で、重要なことだからだ。

経営者は嫌がるかもしれないが、こうした時間の使い方は「泥棒」ではなく、必要な「息継ぎ」なのだ。自分の好きなローフィングの手段が禁止されても、従業員の脳はいくらでも別の方法を見つけて、ひと息ついてみせる。あらゆる息抜きが禁じられても、虚空を見つめてぼーっとすることは可能だ。

「怠惰」とされる行為をやりたくなるのは往々にして、一生懸命に働いた証拠であり、ひと息つくべきという信号なのだ。人が携わるほとんどの仕事には、振り返りや計画、クリエイティブなアイデアの発案などのための時間が必要だ。私たちはロボットやコンピューターではない。食べたり寝たりするのと同様に、だらだらする無為な時間も必要なのだ。「怠惰」になることを恐れるあまり、この充電への欲求を無視していると、深刻な事態を招きかねない。

レオはついに極限状態に達した。大量の課題文献を読み切れなかった事案などが重なって、20代半ばに大学院を中退した。失望をかき消すべく、彼は仕事と政治活動に熱中し、これまで以上に熱心に選挙運動にも参加した。だが、常につきまとうストレスは膨らみ、無視できなくなっていく。複数の仕事を掛け持ちしながら、さまざまな政治活動や社会運動への資金集めに奔走したが、レオはどの組織でも、いつものまずいパターンを繰り返した。30代に入ると、仕事中毒と先延ばし癖のせいで、本人の精神状態にも人間関係にも大きな負荷がかかっていた。

「長い間、誰ともデートしてなかったよ」とレオは述懐する。

「休暇なんて取ったことがなかった。忙しいし、就職したばかりで休めないから、友達との旅行なんて無理だと思ってた。他のみんなは人生を楽しんでいたけど、僕は全然だった」

その頃、レオは心理療法を受け始めた。心理士は、レオの落ち着かない仕草や、不安げに部屋のあちこちを見る目の動き、日常での過活動や注意散漫なエピソードなどから、すぐに問題の原因を推察した。

「2回目の面接のときかな、ADHDだと診断されたことはないかと聞かれた」と、レオは言った。「それで検査を受けてみたら、バリバリにADHDの特性が出ていた」

それまで、レオは自分がADHDかもしれないと考えたこともなかったという。

この障害への偏見は強い。ADHDの人は知性が低いとか、やる気がないと思われがちだ。だが、レオをはじめADHDの当事者の多くは、むしろ真逆である。ADHD当事者は、熱意いっぱいで案件を抱えすぎる傾向があり、現実的な時間の割り振りができないために、疾走した挙げ句、いきなり電池切れを起こしやすい。

レオがADHDの投薬治療を受け、守れない約束をする問題に心理士と取り組むようになってから、初めて一緒に出かけたときのことを私は今も忘れない。いつも突飛な意見や質問の連発で話を遮ってばかりだったレオが、学生時代にどれほど大変だったかを、ユーモアを交えて率直に話してくれたのだ。

部屋の中でやたら動き回る、強迫的に片付けをする、吃音が出る、などの行動特性もなくなった。気が散って立ち歩いたりせずに映画を観られるようになった。若い頃のA型性格（訳注：性格分類で短気・攻撃的・競争心の強いタイプ）のレオなら軽蔑して絶対やらなかっただろうマリファナ（編集部注：米国の多くの地域ではマリファナの使用は合法となっている）も、時折嗜むようになった。働きすぎでカリカリしていた彼は、ついに「怠惰」に怯えることなく、リラックスして過ごせるようになったのだ。

ほどなくして、レオは今のパートナーとデートするようになった。自分の感情や欲求を大切にする余裕ができたことで、誰かと親しくなるのも以前よりずっと容易になっていた。

2年ほど付き合う中で、2人は長期旅行に出かけ、国立公園や美術館を巡り、登山やカヤックを楽しんでいる。以前は余暇を楽しめる人間ではなかったレオが、今は人生を満喫している。自分の心身のニーズを無視してタスクを抱えすぎた挙げ句、燃え尽きてしまって激しく落ち込む、というループを抜け出して、レオは徐々に人生の楽しみを見つけていった。最近の政治について話せば、以前同様に関心は高いし詳しいけれど、お気に入りの政治家に入れ上げて、その人と自分を比べて落ち込んだりせず、冷静に受け止めている。以前の彼にはできなかったことだ。

政治オタクの真面目人間だったレオが、自然を愛し、マリファナを嗜むような人になるなんて、まるで予想外だ。でも、レオがこんなふうに変わって本当に良かったと私は思う。

「怠惰」だと非難されがちな一見「悪い」行動は、実は警告信号であり、生活のどこかを変える必要を強く訴えているのだ。

組織レベルでは、従業員に怠惰な行動が見られる場合、職場マネジメントの問題を示している。職場の生産性を研究している産業組織心理学者のアネット・タウラー博士によると、不適切なマネジメントやいじめを受けると、従業員は欠勤の増加などの「怠惰」な行為でやり過ごすようになるが、これはひそかな警告信号なのだ。

「無断欠勤は、有害な職場で見られる初期兆候の一つね」とアネットは言う。「無断欠勤をする従業員が出てくると、マネジャーは『なんだ、みんな怠けやがって』って部下を信用しなくなるのだけど、実際には、部下はいじめや有害な職場を避けようとしているのよね」

頑張りすぎて限界に達した人には、いい加減な態度や無気力が目立つようになる。職場への遅刻や友人との約束のドタキャンも増える。料理など家事をやる気もなくなり、よく居眠りをし、単純なゲームをぼーっと続けている。衝動が抑えられなくなり、元気もなくなる。これらの症状は、その人のダメさや怠慢を示しているのではない。瀬戸際まで追い詰められている危険信号なのだ。

こうした「怠惰」な行動は、数世紀にわたって悪者扱いされてきたが、実際は何も悪くないし、有害でもない。**サボりは人間の標準仕様であり、頭をスッキリさせて健やかにいるためには働かない時間が必要なのだ。**

怠惰な気分は私たちの内からの強い警告で、「もっと休養を」「手助けが必要だ」「タスクを減らすべきだ」と心身が訴えているのだ。この怠惰の信号にきちんと耳を傾ければ、自分の欲求を理解して、本当に価値のある人生を送れるようになる。

怠惰の声を聞く

マックスは、胆嚢が機能不全で壊死していると診断され、除去手術を受けることになってようやく、待望の安静休養を手に入れてＩＴ企業での過酷な業務から解放された。業務をするには体調が悪すぎると、ついに正式認定が下りたのだ。医師の診断書とお腹の縫合痕がその証明だった。

「胆嚢手術の後の数週間は人生最良のときだったね」と、マックスは皮肉抜きで言った。

「ただ横になって眠って、映画を観て。めちゃくちゃ楽しかった。またやりたいわよ。休みが取れるなら、別の臓器を捧げてもいい」

仕事のストレスが最悪レベルだった頃、マックスは精神的に疲弊しすぎていて映画1本を最後まで観る気力もなかったという。ホラー映画や犯罪実話ドキュメンタリーの大ファンで、陰惨でグロテスクなコンテンツなら何でも大好きだった彼女が、過重労働にエネルギーを削がれ、それらを観る気力も失っていた。

「1年で観たのはアニメ『ボブズ・バーガーズ』だけ。すごくいい作品だよ、大好き。だけどそこまで単純でのん気な映画しか、頭が受けつけなかったのよね。1年もよ!! 週に80時間も90時間も働いていたせいで、ハラハラする映画とかプロットが複雑な作品は脳が受けつけなくなってた」

何日かよく眠って回復してくると、マックスはまた長編映画やドキュメンタリーを1本通しで見られるようになった。休養中に趣味への興味も復活し、以前からやっていた魔女関係の小物作りも再開した。そうしているうちに、絶望や落ち込みも薄れてきた。

緊急手術が必要な状態というのは、普通ならトラウマやつらい経験になるのだが、マックスにとって胆嚢手術は、人生がポジティブに変わる転機となった。のんびりリラックスする機会を得て、マックスは人生を再考し始めた。健康的で継続可能な生き方の一端を知り、たっぷり眠れるのはいかに素晴らしいかを一瞬でも味わった以上、かつての生活パターンには二度と戻れなかった。

何もしない怠惰な時間は、マックスに新しい視点という贈り物をくれた。怠惰な時間を取ることで、同様の効果を得られる人は多いはずだ。

怠惰は創造性を高める

休んで怠惰に過ごせる時間は、自分自身について新発見をしたり、仕事中には思いつかなかった妙案が湧いたりするチャンスだ。

創造性について、心理学の研究者は、今まで気づけなかったことが「あっ！」と瞬時にひらめくことがある現象である「アハ体験」に関心を持ち、どうすれば体験できるのかを熱心に研究してきた。その結果、怠惰に過ごすのは、非常に効果的なステップだと判明した。

クリエイティビティや発想力は、頑張れば出てくるものではない。何も考えない時間が必要なのだ[29]。往々にして、良いアイデアは考えていないときにやってくる。シャワー中や散歩中などに、どこからともなくアイデアが降ってきたように感じるが、実は休んでいる間に、私たちの脳は無意識下にアイデアを練っているのだ。

この生産的な休養期間を心理学では**「インキュベーション期間（抱卵期）」**と呼ぶ。卵から健康なヒヨコが生まれるには暖かく安全な場所が必要であるように、ユニークなアイデアや視点を生み出すには、脳の創造性を担う部分に、安心、休息、リラックスを与える必要がある。[30]

この説明をするとき、私はいつも『マッドメン』というドラマのあるシーンを思い出す。広告会社のカリスマ役員、ドン・ドレイパーは、顧客の新製品のキャッチフレーズで苦労している新進気鋭のコピーライター、ペギーにアドバイスを授ける。ドンは創造的なインキュベーションについての考え方を、短く完璧に言い表す。

「深く考えろ。そして忘れろ。アイデアが頭の中に飛び出してくる」[31]

私もそうやってアイデアが頭に湧いてきた経験がある。2013年当時、私は大学院生で、博士論文の研究テーマ決めに悩んでいた。何時間も文献を眺め、創造的なアイデアが出てくるように全力を振り絞ったが、ご想像の通り、うまくいかなかった。惨めで「ダメ」な自分に苛立ち始めていた。落胆と罪悪感を抱えて、私は自分の誕生日と友達に会う目的で数日の休みを取った。

休暇中のある日、友達と長い散歩に出て、手芸工作用品チェーン店「マイケル」の駐車場にいた。友人が花輪を作るのに使うスプレー塗料や造花を買おうとしていた。突然、よく練られた研究テーマが頭に浮かんだ。その場で立ち止まり、スマートフォンのメモアプリを使って、忘れないように書き留めた。

その週はずっと「怠惰」で、研究に手をつけていないことに罪悪感があったが、その裏で私の無意識はバリバリと作業をしてくれていた。研究から離れて、クリエイティブになれる余地を与えることが必要だったのだ。

怠惰は問題解決につながる

マックスの場合、「生き方を劇的に変えなきゃ」と気づくには病気の療養が必要だった（大量のホラー映画も）。長期の休養というインキュベーション期間を通じて、生き方の変化を起こすには具体的にどうすべきか、クリエイティブに考えられたのも、彼女にとっては大きかった。持続可能な生活スタイルの構築と継続のためには、自分で闘うしかないとマックスはわかっていた。何もせず簡単に手に入るものではなかった。

療養期間を終えて仕事に戻ると、相変わらず職場は非効率で、マネジメントに課題があった。かつて病欠を妨害した上司は相変わらずパワハラすれすれの強硬な態度を取っていた。マックスがようやく手に入れた健康を守るには、こうした権力構造に飲まれず、自分の幸福を優先するしかない。ここは戦略的になる必要があった。

職場に戻ったマックスは、上司が矛盾した指示をするたびに内容を記録した。申請書が期限に間に合わなくてもマックスには責任がないと証明できるよう、部署の業務状況に関する証拠も集めた。さらに、会社の上層部と業務分掌の問題点を議論する機会を取りつけた。

その結果、マックスの仕事の一部を引き継ぐ人材が増員され、業務負荷は少しずつ軽くなった。病欠が必要なときにはしっかり取る。たとえ上司がネガティブな発言をしようが知ったことではない。

「本当に病欠が要るのかと上司に言いくるめられないよう押し通すわよ。口頭じゃなくメールで病欠の連絡をする。はぐらかされたら、『病気の私に出社するよう要求しているんですか？』って返信すればいい。部下の病欠を認めないのは違法だと上司はわかってる。だから、『それ、私だって知ってますよ』ってにおわせるわけ」

やりすぎだと思う人もいるだろうが、上司の過去の言動を考えれば理にかなっている。

仕事に生活を侵食されないよう一線を引くプロセスが、自分一人で完結できればよいが、現実には、過重労働へのプレッシャーの多くは外側から来ている。

管理が不適切で超過労働が起きている状況では、使える法令や規制は何でも利用して、自分の権利を守るしかない。会社の方針や規則の変更を勝ち取るために、同僚と団結すべき場面もある。マックスはこれを実行した。数カ月が過ぎても問題がなくならないので、同僚とメモを共有し、「上司は管理業務ができていない」と上層部に提示したのだ。これも、ゆとりのある業務スケジュールが組まれる契機になった。

ここまでやってもマックスの職場は完璧には程遠い。いまだに「仕事を辞めちゃおうかな」とよく夢想するほど、やりがいは少なく疲弊する仕事ではある。それでも、常態化していた週80時間労働が1カ月に1週間程度に減った、とマックスは言う。

絵を描いたり、心霊現場ツアーに行ったり、ボランティアをする時間の余裕もできた。長年の働きすぎで犠牲になった私生活の傷を癒やそうと、カウンセリングも受けている。おそらく何より良かったのは、血みどろのゴシックホラー映画を好きなだけ観られる脳の余裕が復活したことだ。

マックスは病気になったことで、怠惰でいる心地よさに改めて気づいた。数週間、ベッドで過ごした彼女は活力を取り戻し、自分の人生に本当に大切なことを見つめ直せた。

ストレスによる混乱や消耗から回復してきた頭を使って、職場で自分の権利を守るための戦略を立て、仕事が進まない原因の解消法を考えたのだ。

何もしない時間を意識的に作って、自然に湧き出る怠惰な感情を無視せず大切に受け止めるようにすれば、自分にとって何が重要で、何を断るべきか、わかってくるはずだ。

リフレッシュした頭とリラックスした心で、既存の問題に斬新な解決策を見つけよう。これまで隠れていた自分の強みや能力にも気づけるはずだ。

怠惰は大事なことを教えてくれる

やることが山積みのときには、とにかくその場で、できる限りのことを片付けたくなるものだ。けれど、一時停止ボタンを押して、何もせず怠惰な時間を作り、そこでの気づきや反応を見極めたほうが効率は良くなる、と多くの研究が示している。

いったん減速して切り返すことで、切り捨てるべきタスクが頭の中で整理できる。**「怠惰は敵だ」という思い込みをやめれば、タスクを手放すことにも罪悪感はなくなるはずだ。**

オーガスト・ストックウェルは、メンタルヘルスの専門家を育成する団体、Upswing Advocates（アップスウィング・アドボケーツ）を運営している。

自閉症、ADHDなどの発達障害がある人やLGBTQ＋のニーズに合う専門家を育成する組織で、オーガストは大量の事務仕事、打ち合わせ、電話会議などに多くの時間が取られ、責任も重大だ。クライアントとの問題について心理士やカウンセラーを叱責しなくてはならないこともあり、心理的負荷も高い。

何年もこうした激務を続けた結果、本人のメンタルヘルスが犠牲になっていた。

「あるとき、いつも気が張っていて不眠気味だなって気づいたの」とオーガストは言った。

「職業人としてうまく一線を引けなくて、何にでも、はい、やりましょうと返事をしていた。どれもすごくいいプロジェクトだったからね。でもその結果、自分を疎かにしてた」

オーガストは長年、大きな問題を解決することを最優先にしてきた。とにかく大きなトラブルから順に対処していた。けれど、行動分析のプロとしてその手法を自分の仕事に応用し、業務管理法を改善したという。

オーガストは、週次の業務管理、目標管理に使うスプレッドシートを見せてくれた。そこには仕事以外の項目もある。恋人との時間、瞑想、散歩、家族に電話する時間を作る、という欄もあった。オーガストの人生にとって大切なものはすべて、そのスプレッドシートにまとまっていた。

スプレッドシートの右側には、その週の達成状況を書く欄がある。会議に出たか、予定通り友達と電話できたかなどだ。さらに、それぞれの目標達成状況について、自分の感情を書き込む欄もある。次ページの表がその例だ。

このスプレッドシートを見れば、いつも飛ばしてしまう目標が何かわかるし、できなくてどう感じたかも一目瞭然だ。

目標を達成できなかった自分を責めるのではなく、やる気のなさや怠惰によってどうなったのかを観察し、怠惰から教訓を得ることが重要だ。

目標のカテゴリー	今週の目標	優先度	達成度	気分
内省	2日以上は瞑想をする	高	できた	良好
身体の健康	1日は運動をする	中	もう少し運動が必要	まあまあ
休息	3日休む	高	2日休んだ	まあまあ
仕事	ウェビナーで会議、寄付者に礼状を送る	高	礼状は未完了	まあまあ
人間関係	パートナーと現状共有をする	高	できた	まあまあ
家事その他	片付け、預金	中	できた。パスワードと名義変更も完了	良好

たとえば、家事の目標を達成できないことが多いけれど、自分がそれを気にしていないなら、家をピカピカにすることは自分にとってさほど重要ではないとわかる。それなら、本当に価値を感じる新しい目標を設定すればいい。目標のすべてを達成できなくても落胆する必要はないのだ。

「この作業で、他の人のことばかりでなく、自分について考えて、自分の経験や感情を意識できるようになった」とオーガストは言う。「このシートを使って自分に『どんな感じ？　本当は何がしたい？　楽しくやれてる？』って聞いてみるわけ。もし楽しめていないなら、その目標に向けて頑張る意味がないのかも」

世の中は「怠惰のウソ」が規範になっているため、決めた目標を達成できずに見切りをつけるのをつらく感じるかもしれない。それでも、**自分自身の行動や感情をしっかり観察し、自分を責めずにそこから学ぶようにすれば、より自分らしい生活を送り、人生を満喫できるはずだ。**

ミュージカル『ハミルトン』の脚本・作詞作曲・主演で大スターになったリン＝マニュエル・ミランダは、妻との休暇中に歴史書を読んでいて、作品のコンセプトを思いついたということはよく知られている。[32]

新しいミュージカルのアイデアが湧くのを期待して休暇を取ったわけではない。自作のミュージカル『イン・ザ・ハイツ』を7年のロングランで上演してきた彼は、ただリラックスしたかっただけだ。ところが、すっかり充電できた途端に、その後の人生を変えるクリエイティブな大転換が起こった。

『ハミルトン』が前例のないほどの大成功を収めたのを受けて、ミランダはまた、休暇を取ると決めた。舞台のファンはミランダ降板のニュースに驚愕したけれど、ミランダ自身はインタビューで、何もせず怠惰になることが大切なのだと強調している。

「これまでの人生で最高の、おそらく生涯ベストのアイデアが湧いたのは休暇中だった。これは偶然じゃない」と、２０１８年のインタビューでミランダは語っている。「僕の脳がちょっと休んだ瞬間、『ハミルトン』のアイデアがやってきたんだ」[33]

「怠惰のウソ」的にはそれを真に受けてほしくないだろうが、何もせず怠惰に過ごすことで、私たちは優れたクリエイターや問題解決の達人になれる可能性さえあるのだ。

それどころか、怠惰にはさらに重要な効能がある。日常生活にあえてゆっくりとリラックスする時間を作って、「何もしない」ことによって、心の傷の回復が始まる。そして、心身の疲弊が癒やされ、滋味深い豊かな人生を生きられるようになるのだ。

「やらない」ことの癒やし効果

心理療法士のジェイソンから「30分間、何もせずに座っていましょう。『自分の気持ちをちゃんと感じる』ためです」と初めて命じられたとき、何をバカなこと言ってるんだろう、と私は思った。

「そんなこと本当にやる人、いないでしょう?」と私は言った。「そんな長い時間じっと座って、ひたすら『何もしない』だなんて、ありえないよ」

ジェイソンにこのアドバイスを受けた当時、私は湧き上がる感情にうまく対処できず苦しんでいた。

当時、私が憂いていたのは、米政府がトランスジェンダー差別禁止施策を撤回したこと、メキシコとの国境では大量の移民が収容されていたこと、オバマケアが反故にされたら医療を受けられなくなると怯えている友人もたくさんいたこと、などだった。

世界中がこれほど炎上しているのに、保守派の親戚たちは、トランプを選んだ彼ら自身にも責任の一端があるとは考えてもいない。もう絶望と怒りが膨れ上がって手に負えなくなっていた。それでも私はできる限り感情を抑えようと努めた。

一日中、私は悲しみや不安を心の奥に押し込んで、仕事や社会運動を頑張った。抗議運動や集会に出席し、地元の代議士に抗議の電話をかけた。不安に怯える友人を支援し、心を強く持って頑張ろうと励ました。けれど、夜に眠ろうとすると感情の波が溢れてきて、涙や怒りが止まらなくなった。パートナーは、私が理由も伝えずに何時間もどんよりしているのに辟易していた。

抱えている問題を彼に打ち明けずにため込んだ挙げ句、数日後、つまらないことで癇癪を起こしていた。友人や親戚の発言に憤慨して何日も引きずっていても、「私は傷ついた」と相手には伝えなかった。感情的になるのは、非生産的で弱い人間のやることだと思っていた。だから、ひたすら感情を内に留めておくようにした。

私の「気持ちを押し込めて感情のないロボットのふりをする」作戦に、ジェイソンは乗ってこなかった。この作戦はまるでうまくいっておらず、このままでは、ストレスや過去のトラウマに対処できそうになかった。

そこで、ジェイソンは「週に一度でいいからスケジュールを空けて、何もせずに座って、あらゆる感情を受け止める時間を作りましょう」と提案したのだった。

最初の数週間、私は抵抗した。ナイーブでくだらないインチキ療法としか思えなかった。「こんなことやる人いるの?」と私は言い張った。「ただ座って、理由もなく泣いたりして、それで気分がマシになりました、だなんて信じられない。真面目にやってるって言う患者は、あなたと関わりたくないからウソをついているだけでしょう」

文句を言って抵抗する私に、ジェイソンは呆れて笑っていた。

「それが、ただ座って感情を解き放って、自分の気持ちに気づくことで大幅に改善する人も実際にいるんですよ」と言い、「やってみてくださいね、絶対に」と念を押した。

調べてみると、ジェイソンのアドバイスには科学的根拠がしっかり存在していた。じっと座って何もせず、ただ自分の感情を受け止める行為は治療法として有効であり、心身の回復に役立つと、過去数十年の心理学研究で実証されている。

1985年、臨床心理学者のジェームズ・ペネベーカーは、つらい感情を書いて表現する治療効果の研究を始めた。[34] セラピストにつらい気持ちを話す効果や、親友に打ち明け話をすると気分が楽になる仕組みについては、すでに明らかになっていたが、ペネベーカーは、感情を共有する相手が自分自身でも効果があるのかを知ろうとした。机に向かって自分の感情を書き出し、それを「自分自身」と共有することでも気分が改善するかを調べたのだ。

ペネベーカーは、トラウマ経験者と慢性疾患の患者を対象に、毎日20分間、机に向かって感情を書き出すよう指示した。次がその内容だ。[35]

1　邪魔の入らない時間と場所を確保する。
2　最低20分、中断せずに書き続ける。
3　誤字や文法は気にしない。
4　他人を気にせず、自分自身のためだけに書く。
5　自分にとって重要な、とても個人的な題材について書く。
6　現時点で対処できる出来事や状況にだけ取り組む。

ペネベーカーは、被験者たちに20分間は中断せず、人生で「心の動揺」が起きた出来事について書くよう指示した。文章が乱れていても、意味不明でも構わない。この作業のポイントは、感情を紙に表すことであって、うまい文章を書く必要はない。書くことがなくなっても、すでに書いたことの繰り返しになってもいいから、とにかく続けること。20分のセッションが終わったら、書いたものは捨ててよい、とされた。

ペネベーカーの研究チームは、この書く作業を数週間続けるうちに、被験者のストレスが軽減し、うつ状態も改善することを発見した。[36] よく眠れるようになり、活力レベルも向上した。[37] さらには医学的な健康指標や免疫機能も改善したのである。[38] 追跡調査の結果、ライティングに取り組んだ被験者は思い悩む頻度も減り、問題にうまく対処できるようになっていた。その後も幅広い患者を対象としてライティング効果の研究は発展し、多くの利点が明らかになっている。

自分の感情や欲求と向き合うためのシンプルで実践的な方法、そして、さまざまな心身症状に効果がある治療法をペネベーカーは発案した。[39] 研究をもとにした書籍『こころのライティング――書いていやす回復ワークブック』も出版され、現在、「こころのライティング」「エクスプレッシブ・ライティング」と呼ばれる手法は広く活用され、PTSDに苦しむ退役軍人や進行性がん患者、あるいはストレスや不安、喪失、うつ病などの患者の治療に効果を発揮している。[40]

私としてはいまだに半信半疑ではあるけれども、何もせず、静かに、自分の感情に耳を傾けることの治療効果は、多くの研究で実証されている。

なぜ「こころのライティング」に効果があるのだろう。それは、普段は軽視している自分の情けない感情と向き合うことを強いられるからだ。

この社会では、「自力で困難を乗り越えろ」という自助ばかりが喧伝され、弱みを見せない強い人が称賛されている。このような文化的メッセージがプレッシャーとなって、私たちは自分の欲求やニーズを無視するようになる。気持ちの弱さややりきれない思いが浮かぶと、自己嫌悪を感じるほどだ。

こうした、普段は抑えつけている自らの傷つきやすい部分を見つけ出し、その声を聞くことができるから、「こころのライティング」は効果的なのだ。

他人に見せる文章を書くのではない、という点も重要だ。

他の人が読む前提であれば、まともな文を書こうと自己検閲をしてしまうが、「こころのライティング」では、生産性は求められない。ぐちゃぐちゃで、とても人に読ませられない文章でよく、書いたら捨てて構わない。これなら、どれだけ不愉快な感情が湧いても、抑圧せずに表出できる。

私の同僚、ベラ・エティンゲン博士は、イリノイ州ハインズの退役軍人病院に勤務しており、「こころのライティング」をＰＴＳＤに苦しむ退役軍人の治療に活用している。退役軍人にこの手法が有効なのは、他者が介在せず、恥をかきようがない方法で、自分の繊細な感情を出し、それに向き合えるからだ。

「マッチョな軍人さんたちは、自分の感情やトラウマを心理士に話したがらないのよ」と、この手法の研究を始めた頃、ベラは言った。

「でも、ただ机に向かって感情を書き出して、終わったら書いたものを捨てていいなら、自身の男らしさや、タフだという自己評価が脅かされないでしょう」

この「マッチョな軍人さん」の気持ちが私にはよくわかる。自分をタフで男らしいとは思わないけれど、それでも座って自分の感情を話すことには強い抵抗がある。そのプロセス自体が気恥ずかしく、嫌な気分になるのだ。

男らしさの呪縛と「怠惰のウソ」が相まって、この数十年、私には、繊細で女性的なことに抵抗感があった。自分の抱える抑圧のせいでボロボロになっているこの期に及んでも、人前で泣いたり感情を露わにしないよう気を張っていた。

世間で大人気の「セルフケア」にも、こうした不当な批判は多い。セルフケアなんて女々しく軽薄で、「強く」ありたい人には似つかわしくない、とけなされている。泡風呂に入るとか、キャンドルを灯すとか、マッサージを受けるといったことは、生活に必要ではなく、怠惰で無駄な贅沢だと思われている。というか、そう教え込まれてきた。

けれど、こうした癒やしの時間、自分に優しくする行為は、文句なしに素晴らしいと理解できる人がようやく増えてきた。

「セルフケアなんて不要だ」という文化的洗脳には抗っていきたい。

数週間はジェイソンに言われても抵抗していたのだが、ようやく私も「自分の気持ちを感じる」作業をやってみることにした。

週に1回30分、時間を取って、自分がつらく感じた出来事について書き出してみた。シニカルにならないよう、音楽をかけて、自分が気にしていることを書き、それに対する自分の気持ちを理解しようとした。

やっているうちに泣くこともあった。怒りを感じることもあった。作業中はひたすら最悪な気分だった。本当に嫌だった。自分が抱えてきた悲しみ、奥底にしまってきた傷つきを思い出すのはとてもつらい作業で、セッションの間じゅう、とても惨めな気分だった。終わるとメモを捨て、散歩をして、恥の感情を振り払おうとした。繊細さや弱さは恥だと当時は思っていたからだ。

ジェイソンに言われた通りに、数週間「自分の気持ちを感じる」セッションをやるうちに、泣きながら眠ることがなくなったのに気づいた。何か感情が湧くと、以前は一人で何週間も思い悩んでいたけれど、すぐにパートナーや友人に話せるようになっていた。

悲しみや怒りを感じることにも抵抗が薄れてきた。悲しみや怒りの感情から逃げずに向き合ってきたため、恥ずかしがらずに感情を表に出せるようになったのだ。

そのうちに、週ごとに書く内容のパターンに気づくようになった。特定の内容が、常にストレス源として登場していたのだ。

たとえば、ジェンダークィアの人たちのサポートグループに週1回参加していたのだが、そのストレスについて毎週、書いていた。行くのが嫌だ、怖いといつも感じていた。この傾向に気づいて、グループへの参加をやめる判断ができた。やめる決断はもっと苦しいものだと思っていたが、そうでもなかった。


こうして数カ月、自分の気持ちと向き合った私は、ついにパートナーと重要な会話をできるところまで来た。金銭面の話をするのは気が重く、何年も先送りにしていたのだった。話し合いをきっかけに、家での2人の役割分担が大幅に変わり、将来についての考え方や相談の仕方もすっかり変わった。

さらに、保守的な家族や親戚との関係も改善した。「こころのライティング」を始めて半年ほど経ったある日、母が電話で、悪気なく私を傷つける発言をした。普段なら、心の距離を作ったまま電話を切り、その後の数日はモヤモヤしているのだが、今回は、会話を流さずに、その場で「言われたことで傷ついた」と母に伝えることができた。その瞬間、恨みの感情が身体から抜けていったように感じた。

私は以前と違って、自分の感情に向き合えるようになっていた。例のバカバカしい「自分の気持ちを感じる」やつは、実際に効果があったのだ。

「こころのライティング」が私に効果絶大だったので、つらい状況に悩む友人や、テストの不安を抱える学生にも、この手法を勧めた。私のように、この社会の行く末が不安でたまらない友人にも勧めた。[41]

それをジェイソンに伝えると、「ほら、言ったでしょう?」とばかりに最上級の得意顔でニヤリと笑った。何も言い返しようがない。ナイーブなインチキ療法だと思っていたものは、実際にはまったくインチキではなかった。

「こころのライティング」は、自分の感情と向き合うための優れた方法だ。何もせず非生産的でいる「怠惰」の治癒効果を実感できる。同様に、瞑想についてもその効果がよく知られており、瞑想によって血圧[42]、免疫機能[43]、メンタルヘルス[44]が改善すると実証されている。

オーガストは週次目標のスプレッドシートに瞑想の項目を設定している。瞑想をすると、神経が落ち着き、人生に大事なことがよくわかるのだという。それで、仕事と私生活に境界線がうまく引けるようになる。

「瞑想をたっぷりやると、穏やかな精神状態になる。できるだけこの心境でいたいと思ってる。穏やかな心で見れば、何にノーと言うべきかもわかってくるからね」

瞑想を始めるまで、オーガストには自分がいつも抱え込みすぎで心配ばかりしているという自覚がなかった。多忙が当たり前になりすぎて、他のあり方を忘れていたのだ。でも、瞑想をすることで、あくせく動かずゆったりと静けさを味わい、今この瞬間を感じることの意味を理解できるようになったという。

「いつも自分に言い聞かせているのは、瞑想が問題を解決するわけではないってこと。でも、スタート地点としては、すごく有益だと思う」

言い換えれば、瞑想は問題解決を目指さないからこそ、重要な起点となるのだ。

瞑想や「こころのライティング」などの「何もしない」メソッドのポイントは、目標にかまけず放っておく時間を意図的に作ることだ。その間は、ストレスを手放して、エネルギーと心身の幸福を取り戻すことができる。

何もしない、「怠惰」で非生産的な時間を大切にすると、人生の質が激的に変わる。タスクをいくつ処理できたか、その数で自分の価値を測っている限り、自分にとって本当に大切なことには気づけない。社会からの「やるべき」というプレッシャーではなく、本当の気持ちに従って優先順位を決めれば、より自分らしく生きられる。

もっと自由な時間を味わい、よりスローに、のんびりと「怠惰」に、自分の心地よいペースで行動できるようになれば、長年の過労で受けたダメージの回復も始まるはずだ。

第3章

そんなに働かなくていい

職場で疲弊する私たち

産業組織心理学者のアネット・タウラー博士は、職場の変化が働く人たちの感情や行動に与える影響の研究を専門としている。米国において、経営手法や経営判断が職場の生産性や従業員のウェルビーイングをどう変えるかについて幅広い調査を行ってきた。

たとえば、トレーニングによってマネジャーのカリスマ性は向上できるか（できる）[1]、教員の給与水準と生徒の成績には相関があるか（ある）[2]、私生活の人間関係が良好な人は、そうでない人より職場でうまくやれるか（やれる）[3]、などを実証してきた。

幅広い分野を横断し、権威ある学術誌で数々の論文を発表してきたアネットは、私の職場のすぐ先にあるシカゴのデポール大学のテニュア（終身在職権）を持ち、長年、教鞭を執ってきた。

そんな彼女がある日、すべてを捨てて、もっと自分らしく喜びに満ちた人生を送る決断をした。キャリアの絶頂期に、安泰なテニュアの地位を捨てて、不安定で将来の見えないフリーランスのライター兼コンサルタントへの転身を決断したのだ。リスクの高い危うい判断にも見えるが、彼女は進むべき道をしっかり見据えていた。何十年も、健やかな職場、有害な職場の要因を研究してきたアネットは、自身の所属学部がどんどん「有害」化しているのに気づいていた。

「テニュアを獲得したら、自分より下の人にきつく当たるものだ、という空気があった」とアネットは言う。「学部では教員が学生にいばり、テニュア持ちが非常勤教員にいばり散らしていた。お前もその一員になれよ、というプレッシャーを感じたの」

その学部では、教員も学生もストレスまみれで無理をしているようだった。休憩も取らず、休んで振り返る時間もなしに、高い業績を出すようにというプレッシャーが常にあったという。誰もが他人の行動や生産性に目を光らせ、他人をこき下ろしていた。疲れ果ててイライラしている教員は、自分より下の人にきつく当たってストレスを解消していた。全体的に皮肉っぽく冷笑的な雰囲気が漂っていた。

つまり、アネットの職場状況は、米国によくある職場環境と同じだった。そこで働く人たちがトラウマを抱えて疲弊するような仕組みが完璧に出来上がっていたのだ。

アネットは、そうした職場が従業員に与える被害について自ら研究していたので、ここを抜け出さなければ、と考えた。「それで、もう大学の仕事には見切りをつけたのよ」と彼女は言った。

アネットは今、自身の研究が推奨する生活を実践している。時間を作ってマラソンに参加し、アート作品を作り、さらにはミステリー小説を執筆し、DV被害者支援のボランティア活動もしている。フリーランスで多くの仕事を請けてはいるが、仕事以外を優先しているという。それで、このインタビューにも時間を作ってくれた。

「優先順位をつけて、自分にとって大事なことに時間や関心を割くようにしているの」とアネットは言う。「心理学の文献にはそうすべきだと書いてある。だから、締切に追われる仕事を選ぶのも、自分のやりたいことをするのも自由。で、今はやりたいことを選んだ結果、こうやってあなたのインタビューを受けてるってわけ」

アネットは、のびやかで自由な人生観を持ち、才能が輝く自分らしい生き方を切りひらいた。しかし、それができたのは、彼女が才能に恵まれていて、かつ、自分にとって有害な環境――拘束と要求が厳しすぎる旧来型の職場――を避けるための知識を持っていたからだ。

大半の企業や組織は、「怠惰のウソ」成立の歴史の中で価値観が形成されており、そのせいで悲惨な状況が起きている。

就業時間の設定は、「人間は8時間程度は座って作業をこなせるはずだ」という見立てに基づいているが、そもそもこの前提が現実的ではない。

マネジャーは部下の仕事を細かく管理し、生産性を最後の一滴まで搾り取らねばと考えがちだが、マイクロマネジメントをされると部下はイライラし、モチベーションが下がるものだ。[4]働きすぎの従業員は同僚の業務態度を批判的に見張るようになり、職場中に過酷で不健康な働き方が蔓延し、仕事と私生活の境界線もおかしくなる。ITツールの発達によって、上司の呼び出しにはいつでも対応すべきというプレッシャーも強まった。誰もが燃え尽き、疲弊し切っている状態だ。

生産性が低い、と自分を責める人は多いが、実際には、私たちは健康でいられる業務量をはるかに超える仕事をしている。疲労や怠惰といった自然な警告信号を無視して、心身を限界まで追い込み、他の人にも同様に頑張るようプレッシャーをかける。長期間、そうやって自分を追い込んでいると、極度の疲労や燃え尽き症候群に陥るリスクがある。

こうした有害なあり方から抜け出したいのであれば、人間の自然な欲求である怠惰のサインを受け止めて、仕事量を減らす方法を見つけておこう。

働きすぎの時代

第1章では、この社会で共有されている、怠惰への恐怖と憎悪は、奴隷制と資本主義の歴史に由来するものであり、工業化の時代には「怠惰のウソ」が過酷な長時間労働を正当化するために利用されたことを示した。残念ながら、この負の遺産は今日も健在である。

週あたりの平均労働時間の短縮が進んだ時期もあった（主に労働組合と労働運動の成果である）[5]が、近年は逆の状況が起こっている。[6]平均就業時間はむしろ長くなり、どの業界でも時間外労働への圧力が強い。スマートフォン、ノートPC、メールやSlackなどの業務ソフトのせいで、終業後も仕事を忘れることは難しくなった。さらにギグエコノミーの台頭で、空き時間も副業で埋めなければというプレッシャーも強まっている。

週次の労働時間は長くなっている

米国では工業化の進展に伴って、工場や倉庫での労働が増加した。[7]工場労働者は、暗く危険な環境で一日中、重労働をしており、睡眠以外に充てる時間がなかった。労災などの法的保護も整備されておらず、業務中にケガをしても補償は受けられなかった。[8]従業員への虐待は横行し、昼食休憩やトイレ休憩さえ取れない職場もあった。

労働者は団結してストライキやデモを行い、待遇の改善を求めた。労使の争議は何年も続き、雇用者は強硬に抵抗して暴力を行使し、警察や軍隊までが動員された。[9]だが、労働者側が法廷闘争に勝ち始め、組合が交渉のテーブルにつけるようになった。

ゆっくりと、だが確実に、労働者は福利厚生を勝ち取り、労働者保護の法整備もなされ、過酷な長時間労働は緩和されていった。[10]

以降、数十年にわたり、米国の労働市場では労働時間の短縮、給与増、福利厚生の充実が全体的なトレンドとなった。20世紀半ばには、労働者階級の多くがこれまでにない生活水準を手に入れた。

私たちミレニアル世代は、祖父母や親からこの時代の話を聞いて育った。

我が家の場合、アパラチア出身の祖父母は、テネシー州のカンバーランド峠の貧困地域から、中産階級の住むクリーブランド郊外へと移住し、そこで私は育った。当時の米国は経済成長が順調で、私の親戚のように白人（ないし白人に見える人）は、その恩恵を享受できたのだ。

だが、そんな時代はとうに過ぎ去った。過去20年間の週あたり平均労働時間は長くなるばかりだ。[11] それまでの短時間化に逆らう動きである。[12]

２０１４年までに、平均的な米国人の週労働時間は、標準の40時間を大きく超え、約47時間となっている。[13] ２０１８年にギャラップ社が実施した調査では、回答者の44％が週45時間以上働いたと回答した。[14] そのうち12％は週60時間以上働いたと報告されている。これは１日あたり12時間労働にあたる。

米国以外の134カ国では就労時間に法的制限がある。[15] ところが米国では法的な上限はないため、週の労働時間は増え続けている。[16]

組織によっては、みなし残業（固定残業）制度を採用しており、超過手当の支払いがない。昨年、友人のイーライがシリコンバレーの巨大IT企業に採用されたのだが、部門の全従業員が毎週10時間のみなし残業を受け入れていると知って入社をためらっていた。毎週予定される残業10時間は、果たして残業と呼べるのだろうか。

過去数十年の間には生産効率の向上も見られた。各種の技術が採用され、時間あたりの生産性が上昇したのである。ITツールの発達、自動化の進展、コンピューターの処理速度の向上、その他さまざまな要因により、1950年には40時間かかった作業が、現在はわずか11時間で片付く。[17] しかし、どれだけたくさん働いて生産量が増えても、賃金は増えるどころか低下傾向だ。[18]

労働時間の増加だけではない。**現代の労働者は直近の世代よりもストレスが高いとも報告されている**。特に、業務負荷とマネジメント不全によるストレスが強まっている。[19]

多くの業界では年金や福利厚生の条件も悪くなり、完全撤廃とまではいかなくとも非常に貧相になった。[20] 正社員の雇用は減り、企業側にとって福利厚生や保険負担のないパートタイム従業員へと労働力の依存が進んでいる。[21]

以前よりも長時間、より生産的に働いているにもかかわらず、見返りは減少しているのだ。

体調不良になっても休めない職場

アネットは米国在住で、長年、米国の職場環境を研究対象としてきたが、もとは英国の出身だ。彼女は、ヨーロッパの人と比較して、米国人は仕事との関係性が不健全だと指摘する。「ヨーロッパでは、仕事に行ったら働いて、終わったら家に帰る。プライベートでののんびりすることを重視している。こうしたワーク・ライフ・バランスが、米国ではあまり見られないの」

たしかに、米国人は仕事とそれ以外の生活にきっぱりと一線を引くのが下手な傾向がある。ヨーロッパでは年間20日超の有給休暇が標準的だが、米国では10〜14日取れれば幸運なほうだ。[22]「怠惰のウソ」のせいで、米国人には強い休暇への罪悪感（バケーション・ギルト）が植えつけられており、有休取得を躊躇（ちゅうちょ）しがちだ。[23] 2018年に実施されたGlassdoorの調査によると、米国人は有給休暇の約半分しか消化せず、残りは使わず無駄にしている。[24]

疾病休暇についても、米国の状況は厳しい。米国の労働者のほぼ半数は、有給の疾病休暇をそもそも持たず、[25]病欠を有給で取得できる場合にも躊躇しがちである。

病気で休むなと上司に圧力をかけられたマックスのように、「休みを取ったら、怠惰で信頼できない人だと思われる」と不安に思っている人は多い。この不安は事実無根な妄想ではない。実際、アメリカン航空は、病欠を取った従業員を処罰し脅迫した疑いで、2019年、ニューヨーク市の消費者・労働者保護局に提訴されている。[26]

企業が従業員に適切な疾病休暇を認めず、病気の労働者を経営側が無理やり働かせていると、公衆衛生上、甚大な被害になりかねない。

コロナ禍の初期には、体調の悪い従業員が仕事を休めず、勤務中や通勤での感染が拡大した。[27]コロナに限らず、飲食業界で働くスタッフが体調不良でも病欠の選択肢が無いために、仕事場に来て同僚や顧客を感染させるケースは多い。食品産業に勤める人の81%は企業の保険に入れず、企業負担の疾病休暇も持たない。[28]

職場を離れても仕事はついてくる

たとえ物理的に職場を離れても、リモートで仕事を続けられるのも問題だ。Slackやメール、Twitter（現X）他のアプリで、いつでも業務環境にアクセスできるため、仕事が四六時中、私生活に侵入してくる。[29]

これは**「ワーク・ホーム・インターフェレンス」（仕事と家庭の干渉、WHI）**と呼ばれており、スマートフォンなどのITツールが普及したことで、事態は悪化の一途をたどっている。[30]ギャラップ社の調査では、回答者の36％が「業務時間外に仕事のメールをたびたびチェックしている」と答えた。[31] 常にオンライン対応すべきだという圧の強い組織では、特にWHIの数値はさらに悪く出る。

私が話を聞いたニミシールという教育者もまた働きすぎの一人である。彼女はナイジェリアを拠点に性教育や周産期の公衆衛生に関する社会啓発活動を行っている。心身の健康を守るためには、活動に関してネット上の境界線をきっぱり引くしかない、とニミシールは言う。

「オンラインで教育や啓発活動をしていると、すごく疲弊することも多いからね。たとえばTwitter（現X）では一部の言葉をミュートしているの。性被害のトラウマを引き起こすような言葉や、人をモノのように扱う差別的な言葉をね。スマートフォンを見ないようにしてまっておくこともある。そういう言葉を使う人への教育も仕事の一部だけど、『これ以上はやらない』と一線を引いていい、それでも重要な仕事はできているって思わないと続けられないからね」

ニミシールのように自重できる人は少ない。たいていの人は、通知をチェックしては返信を繰り返す無限ループに引きずり込まれ、業務時間外に長時間の無賃労働を続けている。

ギグエコノミーの台頭などもあり、私生活が仕事に侵食される問題は、深刻化するばかりだ。

ギグエコノミーにとらわれる

アレックスは、シカゴのオフィス街に勤務するフルタイムの事務員だ。一日中、書類を作成し、会議の議事録を作り、資料をコピーし、その他の雑用をしている。たまに仕事中、落ち着いた時間ができると、彼はアーティスト活動の遅れを取り返そうとする。俳優業のオーディションを受けるために、いつも新しい台詞を覚えなければならないのだ。

職場で長時間みっちりと働いたあと、帰宅したアレックスはクラウドワークのサイト、Upworkにアクセスし、コピーライターや文字起こしの副業を探す。

「ライターよりも文字起こしの仕事ばかりやるようになっちゃった。ギャラは安いんだけどね」とアレックスは言う。「ぼーっとしたまま、ひたすら文字を書くだけだから、エネルギーをあまり削られないんだ。ゾンビみたいな気分だけど」

Upworkの手数料や仕事探しの手間暇を考えると、文字起こしのギャラは最低賃金よりもずっと低い。それでも、何もしないよりは足しになるし、一日に少しでも多く稼いでおきたい、と彼は言う。

本業以外の稼ぎを求めてUpworkやUberなどの副業・ギグワークのサイトに登録している人は多い。福利厚生が完備されたフルタイムの正社員職は一気に過去のものとなりつつある。[32]かって普通だった「9時5時の正社員」枠が減った結果、週末や夜などの空き時間をこうしたギグワークに費やすしかなくなっている。

私にはアレックスのような知り合いがたくさんいる。ギグエコノミーが席巻し、意欲的なミレニアル世代のアーティストの知人はみんな、時間の余裕と脳のスペースをギグワークに吸い取られてしまった。

リッキーは、歌のレッスンや教会の合唱団の仕事をしながら、朝と夕方はUberで稼いでいる。アイスクリーム店のマネジャーをしているディオは、アプリWagで犬の散歩のバイトを見つけ、収入の足しにしている。私自身も多忙で副業との両立が難しくなるまでは、Upwork経由で、他人の学術論文を時給20ドルで編集していた。今でも、サイトをチェックして自由時間を収入と引き換えたいと思うことはある。

限界まで追い込まれている人は本当に多い。今の経済は怠惰さや非生産性への嫌悪を基軸として構築されており、そのせいで労働時間は年々長くなるばかりだ。

もう私たちには、仕事から離れる方法がわからなくなった。旅行休暇や病欠はおろか、バイトのシフト上がりに家でごろごろするのさえ難しい。自由時間にはギグワークのアプリからリマインドが来るので、どう考えても続けられないような精力的な活動目標を立ててしまう。

このような過労やタスクの抱えすぎは自傷的で有害な行為だ。人間はそんなに働けないのだから。

人間はそんなに働けない

人間はロボットではない。何時間も淡々と同じ作業を続けて同じ成果物を作り続けることはできない。実際のところ、一定のアウトプット品質を保てるのは一日にせいぜい2時間程度である。驚く人も多いが、これが事実だ。**私たちは一日8時間働けるようにできていない。**8時間労働は「人道的」でまっとうだと世界中で考えられているにもかかわらずだ。

やる気と根性があれば、生産的に効率よく働けると現代文化は繰り返し、社会的プレッシャーを押しつけてくるが、そうはいかない。よい仕事をするためには、休息し、人生を楽しむ時間が必要なのだ。労働時間を増やせばそれだけ生産量が増えるわけではない。なぜなら、人間の注意力や意志力には限界があり、質の高い仕事には休息時間が必要だからだ。

長時間働いても生産性は向上しない

有名な話だが、自動車会社フォード・モーターの創設者、ヘンリー・フォードが従業員の労働時間を週48時間から40時間にしたところ、生産量はむしろ向上した[33]。

フォードのこの発見は、労働者の健康のために週の労働時間短縮を推進する労働運動の方向性と完全に一致した。その後約20年間のうちに、週40時間労働が各業界で普及し、米国の標準となった。

では、週40時間以上の労働をすると何が起こるのだろうか。

労働者はかなり疲弊するが、それほど仕事は捗らない。週40時間を超えて働けば、業務効率も精度も落ちていく。週50時間超となると生産性は急激に低下し、週55時間以上労働では、疲労困憊で生産性は何もしないに等しい状況になる[34]。さらに、週あたりの労働時間が長いと、翌週以降の欠勤率が上がる。

「欠勤は従業員のストレスを示す警告信号よ。職場で急に人が来なくなるのは、何かがおかしい初期症状ね」と、アネットは言う。

このように、標準労働時間が40時間になったのには根拠がある。それ以上働かせると労働者の気力や体力が奪われ、雇用主としても利益にもならない。

ただし、この基準値は、工業化の時代に設定されたもので、単純な反復作業を前提としている。単純作業の大半が機械に置き換わり、人間はより複雑で精神的負荷の高い業務をするようになった今日、この数字が適切なのかは疑問だ。

アネットほか産業組織心理学者たちは、労働者の一日の過ごし方を観察し、一日8時間労働は多くの点から非現実的だと結論づけた。

労働者は一日8時間超を職場で過ごすが、よく見ると、大半は仕事以外のことをしている。事務職の人が生産的でいられるのは平均3時間程度だ。[35] 残りの時間は、軽食や飲み物の準備、同僚とのおしゃべり、SNSの閲覧、ネットショッピング、あるいは、ひたすらうつろな目をして過ごしている。この一見、「怠惰」な時間の埋め合わせをさせようと、上司が部下に長時間労働を課しても、それは裏目に出て、従業員はますます働かなくなる。[36]

経営者や一部の研究者が、従業員が仕事をしていない時間について議論する際には、これを時間の「損失」や「無駄」と捉え、どうすれば従業員のやる気を高めて一生懸命仕事をさせられるかを考えようとする。

だが、「怠惰のウソ」の教えを真に受けず、マーヴィンのサイバー・ローフィング研究（89ページ参照）を思い出してほしい。仕事を怠けている時間を「無駄」と捉える前提には、「強い意志さえあれば人は8時間ノンストップで働ける」という考えがある。だが、一定期間、仕事に集中した人には休息時間が必要だ。

経営層が懸念するような「従業員の怠惰」は存在しない。集中せずサボって見える人たちは、限界まで作業をした後の状態なのだ。なぜこのようになるのかは、注意を司る脳のメカニズムによるところが大きい。

人の注意力は有限

10年も大学で講義をしてきた人間として、他人の注意を引きつけることの難しさは身に染みてわかっている。私が教えているのは、学び直しで再度、大学に入った経験豊富な社会人学生たちだ。意欲的な頑張り屋で、とても粘り強い、「怠惰のウソ」に称賛されるような資質の持ち主だ。そんな学生たちでも、なかなか集中が続かずに苦労している。

一般的な学生にとって、休憩なしで1時間以上集中するのは困難だと何十年も前から教育研究者は示してきた。[37] 毎週の講義を担当している教員なら、大教室で学生の集中を維持するには、動画などの教材や活動の工夫が必要だと同意してくれるだろう。

しかし、いくら教える側が工夫して授業を盛り立てようとしても、学生の注意力は徐々に低下する。[38] 私はオンライン授業用にオリジナルの動画を作ったのだが、学生が動画に集中できるのはたった6分らしい。[39] それ以上長いと、いくら学生にとって興味のある内容でも、集中力は途切れる。

これは職場でも同様だ。労働者は20分以上、同一のタスクを継続するのが難しく、気を散らすもの（電子メールや周囲の騒音、メッセージアプリなど）が多いと、集中力の持続期間はより短くなる。[40] これは、本人のやる気の問題ではない。人間の脳のメカニズムが先天的にこうなっているのだ。

私は心理学の専門職として働き始めた頃、オハイオ州立大学の神経科学研究室に所属していた。当時の上司はジェイ・ヴァン＝バベルという研究者で、ｆＭＲＩ（機能的磁気共鳴画像法）という手法を用いた脳スキャナーで撮った実験データを見せてくれた。

１時間ほどの実験で、被験者の注意力がどう変化するかを示すデータだが、集中力は1分ごとに上がったり下がったりと変化し、気が散る、他のことを考える、飽きるといった、経営者から見て「損失」となる状態が頻繁に起こっていた。

被験者たちは実験中、常に細心の注意を払うよう指示を受けていたが、それにもかかわらず、彼らの意識は瞬時にあちこちへと散っているのだった。真剣に集中しているつもりでも、人間の関心は0コンマ数秒の単位で飛び移っていることが実験でわかった。

「被験者の集中力を保つために研究者がどんな工夫をしても、注意力の波は避けられない」とジェイは言った。ジェイらの研究チームは、被験者がひどく「怠惰」だとして実験を取り下げるのではなく、データを詳細に分析すべきだと理解していた。

ジェイの実験の被験者が、集中力が続かず、ぼんやりしているのは、彼らが怠惰だからではないし、他の邪魔が入るからでもない。暗い灰色のｆＭＲＩ装置の中に座らされた被験者は、他に見るべきものも手慰みもない状態なのだ。

人間の注意力にムラがあるのは、脳が常に情報の取り込みを行って、新しい情報や潜在的な脅威はないか、社会交流のチャンスはないかと探索しているためだ。[41] 何かに熱心に取り組んでいるときでも、万が一、妨害や脅威が現れたらすぐに気を向けられるよう、注意力の一部は周囲をモニタリングしている。[42] 人間の注意力は、レーザー光線のように、ある一点を照らし続けるものではない。むしろ、灯台の回転式ランタンが回りながら周囲を照らしている中で、一時的に岩に光が当たる状態に似ている。

このように人間の注意力はそもそもが散漫にできているので、集中にはかなりの努力を要するし、いつまでも持続できるものではない。

だからこそ労働者は怠惰な時間を必要としているのだ。仕事をせずにどうでもいいおしゃべりをしたり、給湯室でだらだら過ごしたり、自分の席でぼーっとするのは大切であり、特に業務の質を向上させたい場合には必須だ。詰め込みすぎるとかえって業務品質は落ちる。

質の高い仕事には休息の時間が必要

過重労働と長時間労働は、業務の質を劣化させる。働きすぎると、些細な雑音にも気を取られやすく、すぐイライラするようになる。[43] 仕事が雑になりミスも増える。誤字脱字のような影響範囲の狭い単純ミスだけでなく、[44] 手術での医療事故など惨事につながる過失も増える。[45] 疲労が蓄積すれば、業務の手順を守るモラルさえ低下する。

心理学の学術誌『ジャーナル・オブ・アプライド・サイコロジー』に掲載された研究によると、医者や看護師などの医療従事者は、長時間のシフト勤務で疲労困憊している場合、衛生の基本ルールを順守する意識が低下し、手洗いの回数が減る。[46] コールセンターで働く450人を対象とした調査では、疲れとストレスがたまると、オペレーターは業務への関心を失い、出勤率も低下するとわかった。[47]

仕事での疲労は創造性をも奪う。前章で述べた通り、クリエイティブなアイデアを生むには、インキュベーションの期間が必要だ。つまり脳のクリエイティブな部分が無意識のうちに新しいアイデアや解決策を育むための休息が重要なのだ。[48] これは逆も然りで、休憩や怠惰な時間がないと、凝り固まった、創造性に欠けた思考しかできず、行き詰まりがちになる。

「雰囲気の良い、適切な職場環境であれば、人は勝手に前向きになり、誰も試したことのない新しいアイデアを思いつくものよ」と、アネットは指摘する。

「でも、いちいち細かく管理されると、従業員は唯々諾々と従うだけで、意欲や責任感は上がらないの」

企業が従業員に必要以上の過重労働を強いると、創造性は失われ、残念な事態になる。

米国で広く利用されている掲示板型ソーシャルニュースサイトRedditの「職場ルールの悪用」の掲示板（r/MaliciousCompliance）の投稿を見れば、不満のある従業員たちが職場の規則の一字一句に従いながらも、だらだらと業務を遅延させた事例が満載だ。

たとえば、低賃金・長時間労働で仕事に嫌気がさしたイベント警備スタッフは、入場者全員に服のポケットをすべて空にするよう命じ、子ども服の飾りポケットまで意味なくチェックして、故意にイベントの進行を遅らせたという。

また、友人のセラニンは従軍していた当時、上官からの懲罰で、自分で決めたテーマできっかり千字の小論文を書くよう命じられた。そこで彼女は1時間後、ランダムな記号がずらずらと並んだ用紙を提出した。マイクロソフト・ワードの文字カウント機能では千字に換算される意味不明な文字の羅列を見て、上官はこの「エッセイ」のテーマは何かと尋ねた。セラニンは「指示の順守」だと答えた。

疲弊した働き手の仕事の質が低くなるのは、腹いせだけが理由ではない。疲れていると、人は考えが偏り、ネガティブな思考も増え、[49] 不適切な判断が多くなる。[50]

就業初日にはやる気と活気に溢れていた人でも、1日9～10時間労働を続けると、当初の面影はなくなりゾンビ状態になってしまう。

これらの研究が示す通り、**働きすぎると業務効率は悪化し、独自性や意義のある仕事ができなくなる。**長時間勤務や超過労働では、熟考する能力が落ち、現状の業務を振り返って意義あるアウトプットを生み出す力が損なわれてしまう。

ここまでは、働きすぎが仕事の質に与える影響を見てきたが、働く人の幸福と長期的な健康については、さらに深刻な悪影響がある。

働きすぎるとどうなるの？

「燃え尽き症候群」の研究は、1970年～1980年代に社会心理学者クリスティーナ・

マスラックが開拓した分野だ。

当初、彼女はソーシャルワーカーや臨床心理士、看護師など、「援助専門職」と呼ばれる職種での燃え尽きを理解しようと調査に着手した。これらの職種では、消耗して離職する人が多く定着率が低いとわかっていたが、マスラックはその理由を解明しようとした。だが、実際に援助専門職の人びとを観察し、話を聞いてみると、状況は想像以上に深刻だった。ただ疲弊していただけではない。仕事による精神的な負荷に苦しみ、倫理観や人生観の揺らぐ状況もあり、その苦悩はときにトラウマとなるレベルだった。[51]

対人支援職の人びとの燃え尽きは、長時間働けば誰でも感じる疲労やイライラだけではなかった。患者や同僚への思いやりを失い、自分のことも大事にできなくなっていた。他者への思いやりが強いためにケアの仕事を選んだ人も多いだろうに、仕事で患者に心から共感できなくなっていた。無関心や無力感にとらわれ、患者への憎悪を持つ人もいた。

本書執筆に向けてインタビューを始めた当初、私も少し似たような感覚に苛まれていた。強迫的に働きすぎていた人たちと対話を重ねることで、怠惰への恐れや、それが人生に与えた負の影響を知りたいとは思っていたものの、そこまで悲惨な話を大量に聞く覚悟はできていなかった。友人知人から初対面の人までが、私に思いをぶちまけ、過労で燃え尽きた苛烈な経験を話してくれた。

当初は、自分と似た経験をした人と話すことにカタルシスを覚えていたが、そのうちに苦痛になってきた。人びとの喪失や病気、ストレスの話がトリガーとなって、私は苦しんだ。

２０１４年に燃え尽きた経験は私のトラウマになっていた。この年は私にとっての「失われた一年」で、ここを境に人生が激変した。当時の感覚を思い出すと、不安で落ち着かなくなった。外に出る気になれず引きこもっていたかった。友達との約束をすっぽかし、予定をキャンセルして、家にこもって充電していた。

そのうちに、私の気分はさらに落ち込み、予定していたインタビューが怖くなった。相手が苦しい過労経験を話し始めると、「もう勘弁だ。だらだらしゃべるのをやめてくれよ、これ以上聞きたくない」と辟易している自分に気づいた。相手が吸血鬼のように私のエネルギーを吸って、悪意しか残らない抜け殻になった気がした。共感には大量のエネルギーが必要だし、他者の困難な人生を逃げ場なく追体験するのはつらく苦しい作業だった。

そのまま続ければ燃え尽きるのは目に見えていたので、私は方針を変えた。インタビューに時間制限を設定し、週に2〜3件以上は入れないようにした。

マスラックによると、燃え尽き症候群の人は生きる目的や希望を失い、よるべない気持ちになる。患者への共感を失うだけでなく、自身のアイデンティティや生きる意味も喪失する。仕事のやりがいを失い、趣味など以前は熱中していたことにも関心を持てなくなる。[52] なぜ自分が看護師やセラピスト、ソーシャルワーカーを志したのかさえ、わからなくなった人もいた。燃え尽き症候群のせいで、彼らはかつてとは別人になった。そのまま元の自分に戻れなかった人もいる。

1980年代半ばになると、マスラックは「燃え尽き症候群」の調査対象を広げ、対人援助職に加えて、事務職や肉体労働者、サービス業従事者についても研究を始めた。燃え尽き症候群は、臨床心理士やソーシャルワーカーなどの感情的負荷の高い支援職に限定されず、働きすぎの人全般に起こるのではないかと考え始めていた。

調査の結果、まったくその通りだった。

マスラックがオフィスやレストラン、倉庫で働く人びとに話を聞くと、対人支援職の人びとと同様に、不眠や病欠の増加、自信喪失、仕事への虚しさなどを訴えた[53]。彼らも、疲れ切った看護師やセラピストと同じく、自分たちの仕事は無意味だと思い詰めていた。気分は落ち込み、無気力になり、何も楽しめなくなっていた。

マスラックはまた、燃え尽き症候群が働く人びとの行動に与える影響、特に業務遂行能力への影響も調べた。その結果、燃え尽き症候群の人は、たとえ長時間働いても、他の従業員よりも生産性が低く、業務への意識も低いことが明らかになった。また、過労の人びとは不安症に苦しみ、睡眠薬や精神安定剤などを使用する傾向が強かった。休みより薬のほうが手に入りやすいためだ。また、事務用品を盗んだりタイムシートをごまかしたりと雇用主にちょっとした「嫌がらせ」をしてもいた。

第2章で述べたジェームスと友人たちの課題サボりや、仕事にうんざりした人たちが掲示板にアップした「職場ルールの悪用」のように、仕事で燃え尽きた人は、ちょっとした不正をして恨みや不満を紛らわせていた。

マスラックの研究によって、燃え尽き症候群を避けるには、単に仕事量を減らせばよいわけではないこともわかった。キャリアの見通しや、従業員の業務貢献を称える制度の存在なども影響している。また、本人が完璧主義者や非現実的な高い目標を掲げるタイプである場合に燃え尽き症候群になりやすい。組織目標が明確でなく、プロジェクトがいつまでも完結しない職場でも、燃え尽きが多発する傾向があった。[54]

つまり、**仕事が終わりのない無意味な作業のように思える場合や、自分の業務が評価される感覚がない場合に、燃え尽き症候群は起こりやすいのだ。**

燃え尽き症候群の人たちは、職場で感謝されることもなく、こき使われるのに不満を持っていた。そうした職場では、他の同僚もやる気を失ってうんざりしているため、職場の不満は蓄積して蔓延し「燃え尽き症候群の伝染効果」と呼ばれる状況が生じる。[55] 集団燃え尽きが起きた職場で、延焼を食い止めるのは難しい。

こうした観察を受けて、マスラックと共同研究者のスーザン・ジャクソンは、「マスラック燃え尽き症候群指数」(ＭＢＩ)という尺度を開発した。ＭＢＩは、今日でも研究者や臨床心理士によく使われる有効な指標だ。[56] ＭＢＩによると、**燃え尽き症候群は「情緒的消耗感」「脱人格化」(アイデンティティの喪失)「個人的達成感の低下」の３つの症状から定義されている。**ＭＢＩの診断項目をいくつか見れば、燃え尽きを特徴づける絶望と疲弊がよくわかるだろう。

○もう限界だと感じる。
○朝起きると疲労を感じ、仕事に向かうのがつらい。
○仕事のせいで精神的に疲れ切っている。
○自分の仕事が他者の人生に良い影響を与えている気がしない。
○この仕事で、あまり価値のあることを成し遂げていない。

２０１４年当時に私が燃え尽き症候群についてちゃんと知っていれば、例の深刻な体調不良を避けられたのに、と思う。今回は、燃え尽き症候群になりそうだと気づいた時点で動いて、自分を守るために境界線を引くことができた。

それからというもの、私はインタビュー回数を制限し、質問項目も再構成して、つらい経験だけでなく、ポジティブで楽しい話題も聞くようにした。また、働きすぎる生活をやめた人、怠惰さを大切にして生き方を変えた人たちの話も聞こうと連絡を取り始めた。心が乱れるようなつらい話を聞きすぎないよう制限し、代わりに励まされるような話や成長志向の会話をするように変えた。

こうして私は手遅れになる前に、燃え尽き症候群を避けることができた。

従業員が燃え尽き症候群になると業務の質が落ちるため、経営者にとっても一大事である。[57]仕事で精神的な限界に達した従業員は欠勤や離職のリスクも高い。[58]また、仕事での手抜きや、業務への無関心も増える。燃え尽きると自分を見失い、集中力や選択にも悪影響が生じる。

しかし、燃え尽き症候群にはもっと深刻な問題がある。**燃え尽き症候群で何より悲惨なのは、本人の生活の質が一変してしまうことだ。**フルカラーで見えていた世界が、白黒映像になるほどの変化である。

燃え尽きると、あまり感情がなくなる。痛みや空腹さえ感じなくなるほどだ。それで自分に優しくしようと思えない。

さらに、他者の感情に気づく能力も落ち、家族や友人との関係も悪化する。[59]こうして社会的に孤立するのだ。燃え尽き症候群の原因となった環境を離れて数カ月経っても感情が戻らず、無気力が続くことも多い。燃え尽き症候群の間に壊れた人間関係を回復できないこともある。

加えて、燃え尽き症候群になると、思考や決断が全般的に苦手になる。燃え尽き症候群に陥った人は、アルコール量が増え、[60] 衝動を抑える能力が下がるため、ギャンブルや不適切な行為にのめり込みやすくなる。[61] うつ病や不安神経症にもなりやすく、すでに抱えている精神疾患も悪化しやすい。[62] 良い睡眠を取れなくなり、そのせいでイライラしやすく、病気にもかかりやすい。[63] 人生に目的が見えないので、後先を考えずに無茶して、結果として望まない悲惨な目に遭うこともある。慢性的になると、脳の容積を減少させることさえある。[64]

このように、燃え尽き症候群は単なる労働問題ではなく、健康上の問題なのだ。**働きすぎると、健康を害し、認知機能も衰え、人生の情熱さえも奪われてしまう。** 過労は生産性を下げ、私たちのキャリアと私生活を破壊する。極端な場合には、寿命が何年も縮む、あるいは仕事中に突然死する場合もある。それでも、私たちの大半はいまだに「怠惰のウソ」に騙されて、燃え尽きた人に対して「もっと気合を入れて頑張れよ」と考えている。

誰だって、ときに無理をすることはある。自由な選択として行われる場合には、そこまで有害ではない。週末に友人と夜更けまでパーティーをするとか、心からワクワクするクリエイティブなイベントに徹夜で取り組むといった場合もあるだろう。情熱の赴くままに行動するのと、「怠惰のウソ」に追い込まれて恒常的に働きすぎるのは大違いだ。そして不幸にも、多くの職場は「常に限界を超えて自分を追い込むべき」という前提で経営されている。

働きすぎは良くない。それで生産性は上がらないし、人に深いダメージを与える。今後もその有害性は明らかになるだろう。

もう私たちはそんな有害な生き方をする必要はない。

頑張るだけでなく休息やリラックス、何もしない時間を重視して、健康的でバランスのよい生活を築けるはずだ。新しい生き方を勝ち取ろう。

働きすぎない方法

ケイトリン・スミスも、アネット・タウラーと同様、研究者から転身し、燃え尽きない、持続可能な生き方へと大きな一歩を踏み出した一人だ。

ケイトリンはワイルド・マインド・コレクティブという組織を立ち上げ、ストレスで燃え尽きた研究者たちが重要なテーマを話せるオンラインのスペースを運営し、仕事と私生活に適切な境界線を引くことや、自分の本当の情熱を見極めること、学術界の差別や偏見と闘うことなどについて考える場を提供している。

サイトには、健康的でバランスの取れた生活を目指す多様な作家や思想家のインタビューが掲載されており、ブログでは、働きすぎの人がうまく状況を制御して穏やかな日常を手に入れるためのツールが提供されている。

ケイトリンがこのタイミングで価値のある取り組みを始めたのは、実に彼女らしいなと思った。私は彼女を10代の頃から知っているが、いつも深く考えて、周囲の反発を恐れず主張ができる人だ。淡々と注意深く話すので、話を聞いていて落ち着くし、いつも私に新しい視点を与えてくれる。

「職場でコーヒーの話が出たら、気をつけて聞いてみて」と、数年前、ランチをしているときにケイトリンは言った。

「みんないつもコーヒーが要る、もっと飲みたいって言ってるし、無料提供で好きなだけ飲める職場も多い。コーヒーは刺激物で、飲めばもっと働けるけど、人を不安にさせる作用も強い。なのに、どうしてコーヒーをそんなに欲しがるのかは、誰も疑問に思っていない。むしろ、コーヒーという存在は美化されているよね」

ケイトリンの言葉はずっと心に残っていた。私自身も、周りの人も、まさしくその状態だったからだ。15歳の頃から、毎朝、1杯のコーヒーでその日をスタートしてきたし、実際、10代の私はコーヒーを飲むのは大人っぽくてカッコいいと思っていた。コーヒー依存が、タスクの抱えすぎや、成功への執着の表れだとは思いもしなかった。不安を煽る刺激物を毎日飲まないとやっていけない生活は、果たして健全だったのだろうか。自分への期待値が高すぎて、続けるのが大変な状態だったのかもしれない。「怠惰」になるのを恐れて、心身を素の状態にしておけなかったのかもしれない。

ケイトリンは「怠惰のウソ」のプレッシャーを避けるプロだ。彼女は、他人の優先順位ではなく、自身の理想を反映した人生を勇敢に築いてきた。彼女の作成した質問リストを使えば、自分の生活や人生が、自分自身が望む軸からブレていないかを判断できる。[65]

1　自分が最も本領発揮できるのはどんなとき？
2　のびのび楽しめないのはどんなとき？　何が怖い？
3　ずっと夢中になれることは何？
4　人生でとても幸せに感じたのはどんなとき？
5　一緒に働きたいのはどんな人？
6　身体の健康を維持するために必要なことは？

ケイトリンの質問リストを見ると、本当に楽しくて豊かだと思える人生を創ることが何より大事だと気づくことができる。

このように自問した結果、ケイトリンは要求過多で有害な環境を去る決断ができた。

かつて「居場所」と呼んでいた研究室やバレエの世界を離れ、無味乾燥な学術論文の執筆に時間を使うのをやめて、研究結果をより広く届けられるプレゼンテーションやブログ投稿に彼女は力を注いでいる。そして、学術界をはじめ大半の職場環境では、非現実的な業務負荷があることを指摘し、そこで働く人びとが「怠惰のウソ」を見抜いて、新しい道を切りひらけるようサポートをしている。

仕事はできる限り快く引き受け、あらゆる身体的要求は無視するように、と「怠惰のウソ」を教え込まれてきた私たちには、ノーと言うために必要な自己認識や自信が欠けている。

旧来の職場環境には本質的におかしい点が多々あるため、自分で豊かな人生を手に入れるには、時間の使い方について主流になっている価値観とは距離を置く必要がある。多数派のやり方に背くのはとても怖いことだし、大半の業界では非常にリスキーでもある。自分の思い通りに仕事人生を変えられるほど、余裕や能力に恵まれた人は少ないだろう。

それでも、誰もが心身の健康を大切にして、仕事量を減らすための具体的な方法はある。

次のアドバイスは、産業組織心理学の研究成果に、燃え尽き症候群の患者を受け持つ臨床心理士やカウンセラーと共同で実施したインタビューの結果も加味して作成したものだ。アドバイスは大まかに3つに分けられる。

1 裁量を勝ち取ろう

2 仕事にかけた時間ではなく、質を重視しよう

3 「仕事と私生活の干渉」のループを断ち切ろう

このアドバイスは、業界や立場、自由度を問わず、働きすぎの人びとが使えるよう設計されている。

ケイトリンやアネットは高度な教育を受けて地位を築き、自分の生活を自由に設計できる立場にあったし、私自身も博士号と、フリーランスで高い時給を取れる技能を頼りに、仕事と生活のバランスを再構築した。販売員やレストランの接客担当の場合は、同じ方法は難しいかもしれない。その場合には、同僚と力を合わせて、待遇改善を求めて集団交渉する必要もあるだろう。

ここでのアドバイスは、企業の従業員やフリーランス、あるいはギグエコノミーで不安定な立場にある非正規労働者でも、自分でコントロールできる範囲の行動に絞ってある。

一日の時間の使い方、目標設定の仕方、仕事への姿勢など、どこかにこのアドバイスが当てはめられないか考えてみてほしい。

仕事量を減らすための3つのアドバイス

アドバイス1 ――裁量を勝ち取ろう――

どの程度の裁量を持って自律的に働けるかは、仕事への意欲と満足度のいずれにも大きく影響する指標だ。[66] マイクロマネジメントをしたがる管理職の不安とは裏腹に、細かく監視せず従業員に任せておいても、生産性は落ちない。[67]

自分で優先順位を決めて、好きなペースで仕事をできるような裁量を与えられれば、たいていの人は自発的に良い仕事をするものだ。[68]

この点については、ドイツを起点にビジネスを展開する経営者、マーカス・ニーニと議論した。機械エンジニア出身の彼は、常に最新の研究結果に基づいて経営戦略を立てている。エンジニアの仕事でデータを活用するのと同じ手つきで、リーダーとして効率的な手法をデータを見て決めているのだ。そして数年前には「エビデンスに基づくマネジメント」の原則をリーダーに伝えるマネジャー支援団体CQ Netを創業した。[69] マーカスがこの団体を立ち上げたのは、部下にやる気を出させる方法がわからないマネジャーがいかに多いかに気づいたためだ。

「働く人びとは、心に炎を持っているものだ」とマーカスは言う。

「何かを成し遂げようと本気で努力するモチベーションがあるし、好きなことならそのために頑張れる。もともと本人には内的動機があるのに、大半のリーダーは真逆に考えているんだ」

マーカスの組織では、従業員は自分で目標を設定し、本人にとって最も刺激的なプロジェクトに取り組んでいる。それでは職場は混乱するし業績低下を招くと思う人もいるだろうが、まさにその逆だ。**自由に仕事をする裁量が与えられるほど、従業員の満足度は高まり、業績も上がる。**

従業員が自分の業務に熱中すれば、より努力もするし、業務品質も高く安定する。従業員の業務完遂能力を信頼して任せたほうが、業務を細かく監視して長時間労働を強要するより、はるかに有益なのだ。

「部下にもっと生産的になれと強制するのは、人間の自然な性向に反することで、部下のやる気を押しつぶしてしまう」とマーカスは言う。

この現象は、心理学で**「過剰正当化効果」**と呼ばれている。[70] 本来好きな仕事でも、賃金水準や賞罰と結びつけられると楽しくなくなることを指す。[71] そうして「好きだから」する仕事が、

「やらなければならない」ものに変わると、過労やストレスにつながり、仕事がつらくなる。

アネット・タウラーも、自律性が重要だと指摘している。

「人は自律的に仕事ができていると感じるときには達成感を覚え、自分が仕事をコントロールできている感覚を持てるため、業務満足度が上がるものなの。また、従業員の幸福や健康に良いことは、概して業務品質や生産性にもプラスに働くものよ」

個人レベルの話でいうと、人は「怠惰」を克服するために無理をして自分にプレッシャーをかける必要はない、とこの研究は示している。**健全なワーク・ライフ・バランスを保ち、自分を追い込まずにいれば、やる気は自然に湧いてくるのだ。**内なる「怠惰」のシグナルに耳を傾け、ゆったり丁寧に仕事をして、必要なだけ休みを取る。そのほうが長い目で見れば、スケジュールを細かく刻んで、気力体力がないときにも無理して頑張るより、ずっとうまくいくはずだ。

では、職場で裁量を勝ち取るために、具体的に何をすればよいのだろう。

業務内容によっても変わるし、組織の上層部が変化を受容してくれる度合いにもよるが、実践できるステップを示そう。その多くはセルフマネジメントにも使える。具体的なアドバイスを見ていこう。

1 裁量とモチベーションの実証研究を共有する

マイクロマネジメントでは業績は伸びず、自律的に働ける職場では従業員の幸福度も業務効率も向上する。この事実は何十年もの研究で実証されているが、あまり知られていない。職場で裁量を勝ち取るために、こうした研究を広く共有しよう。

もし上司がマネジメント手法の改善に乗り気であれば、本書で示したような文献を共有するとよいだろう。CQ Netにはマーカスが寄稿した管理職のための記事もある。その他、職場の生産性に関する科学的裏付けのある記事を読んでもらおう。あるいは、自分たちの職場で厳しく統制されずハッピーで業務効率の良かった時期があったなら、そのことを思い起こしてもらおう。上司を変えるのが難しければ、同僚や友人にこれらを共有し、協力してもらおう。皆がこうした事実を知れば「エビデンスに基づく」職場へと前進できるはずだ。

2 フレックスタイムやリモートワークの選択肢を求める

新型コロナウイルス感染症の流行で、初めて在宅勤務を余儀なくされた人は多い。オンライン業務への移行は、大半の組織にとっては突然の劇的な変化だったが、結果的にテレワークやフレックス制を採用しても出社時と業務効率が変わらないことが端的に示された。この歴史的転換を受けて、従来とは異なる勤務体系や勤務時間帯を、組織は許容すべきだろう。

働くスケジュールに柔軟性を持たせたほうが業務効率は改善するという研究もある。業務時間帯が柔軟であれば、従業員はより自由に優先順位を設定し、家のことや休暇とバランスを取って業務時間を確保しやすくなる。[72] 従業員自身で働く時間、働き方を決められたほうが、生産性も満足度も高まる。

繰り返しになるが、こうしたデータを同僚と共有し、管理職やリーダーに「これが新しい働き方のトレンドで、社会のニーズに応える、現実的で人に優しい働き方なのです」と伝えよう。

3 ワクワクするような仕事を自分から取りにいく

このアドバイスには違和感があるかもしれない。「どうして仕事を取りにいくと業務量が減らせるのか」と疑問に思う人もいるだろう。組織には、自分の能力に自信を持ち、「私には他の人にはできない良い仕事ができる」と信じている人は少ない。能力や業務適性に自信がなく不安だから、舞い込んできた仕事を何でも引き受けているのだ。フリーランスやギグワークで働く人は、好むと好まざるとにかかわらず、来た仕事は断らずに全部受けなければという強いプレッシャーに苛まれている。

この過酷な自分いじめのパターンから脱却するためには、どんな仕事人生を生きたいのかを明確に定義する必要がある。組織で働く人たちが、自分の仕事を望むものへと作り上げる「ジョブ・クラフティング」ができれば、従業員はより責任を持って前向きに仕事に取り組み、自分で作り上げた新しいキャリアで活躍できるようになる。[73]

可能なら、自分の強みを雇用主にプレゼンテーションして、最も得意な業務を優先的に担当させてもらおう。すべての組織でこれができるわけではないだろうが、自分の役割や業務を少しずつ自分に合うものに変えていければ、業務満足度も上がり、昇進の可能性もアップするはずだ。

新しい役割に志願して心からやりたい仕事を獲得するには、自己アピールの技術がかなり必要ではあるが、それができる状況なら、試す価値は十分にある。

そのプロセスの一環として、つらく不快な業務、あるいは自分が成長できない仕事から離れることも考えなければならない。

もちろん、辞められる状況にない人もいるだろうが、一方で、この本のための取材を通じて、「途中で投げた」とか「怠惰だ」と思われるのを恐れるあまりに、つらい仕事を辞める発想さえ浮かばない人にも幾度となく出会った。「こいつは能力がないから他の仕事は無理だ」という雇用側の思い込みを、本人が内面化しているケースもある。

こうした考えに陥っている自分に気づいたら、立ち止まって本当に正しいのか考えてほしい。パワハラ体質の上司は、実際には存在する選択肢が、まるでないかのように部下を騙して締めつける。

「自分の職場には変化を受け入れる気風がなく、異動や転職の選択肢もない」という場合には、同僚に相談して、状況を変えるために団結しよう。一人ではなく団結して動けば、より働きやすい職場へと改善する力が強まるはずだ。

アドバイス2 ――仕事にかけた時間ではなく、質を重視しよう――

「怠惰のウソ」の考え方によれば、価値ある人間は長時間働き、いくら疲れても仕事に集中するという。こうした「怠惰のウソ」が支配する組織では、人びとは出勤時間を守ることに執着し、早出をしてシフトが終わっても長居をし、他人の勤務態度を執拗にチェックする。これは心理的に不健康であるし、さらに生産性の向上にはまったく役に立たない。

自分の価値を業務時間の長さで測らず、質を重視しよう。そうすれば、自己認識も、自分を上司にアピールするやり方も根本的に変わるはずだ。次の問いを通じて、自分の仕事を考えてみよう。

1 今月やった仕事で、心から誇りに思えることは？
2 この一年で自分のスキルはどのように成長した？
3 既存のタスクをより効果的に進める方法は見つかった？
4 職場の業務プロセスの改善など、仕事が円滑に進む工夫はできた？
5 他の人が仕事を効果的にできるようサポートができた？

これらの問いは、自分の仕事を全体像の中で捉え、組織の中でどのように成長できたかを認識するためのものだ。

ここでは、通常「生産的」と見なされづらい要素も評価される。

たとえば、別部署の人にスキルを教える、いつもの仕事の新しいやり方を見出すなどだ。それぞれの項目は、働く人が技術や手際、知恵を身につけ成長するプロセスに焦点を当てており、あなたが他のスタッフより早く出勤したかなどは関係ない。

このようにして自分の仕事を振り返れば、ストレスだらけで将来につながらない機械的な仕事に明け暮れるのではなく、豊かで意味のあることにエネルギーを注げるはずだ。また、雇用主と業務について交渉する際にも、継続的に数値化できる指標で自分の価値を主張できる。

自分のスキルを伸ばし、結果を出すことに重点を置けば、多忙なだけで何の成果も得られないつらいパターンから抜け出せる。

ただし、そのためには少し「怠惰」になる勇気を持って、自分のためにならない仕事を減らす必要がある。

最近、マーカスは、仕事がうまくいっていない従業員にこれを実践してみた。その人は明らかにストレスを抱えていて、業務品質が低下していた。欠勤の増加、感情の起伏が乏しくなったなど、燃え尽き症候群の兆候も出ていた。マーカスは叱責や処分はせず、彼と対話をして一緒に解決策を見つけようとした。

「この人とその上司とで面談したところ、彼は仕事量が多すぎたために、不安になってイライラしており、燃え尽きのリスクがあるとわかった。そこで、私たちは彼と一緒に新しい計画を立て、彼がこなせる仕事量に変更したんだ」

仕事量を減らすと、その従業員は落ち着いてきた。勤怠状況も安定し、仕事の質も上がった。その後、本人が興味があり夢中になれる領域で、重要な役割を担当するまでになった。大きな案件でリーダーシップを発揮し、イノベーティブな能力を発揮している。その従業員は自分の力を強烈に発揮できるニッチな領域に出会えたのだ。

それが可能となったのも、マーカスが共感力の高いリーダーで、かつエビデンスに基づいて実行できる能力があったため、従業員が自らのスキルや情熱に合った業務を見つけ出せるようサポートできたからである。

私も最近、仕事の優先順位を見直した。

以前は1日の始まりにメールの受信欄を全部チェックし、全員への返信が終わって初めて「自分を許す」ことができ、執筆や、新しい講義の計画など、あまり時間的制約のない仕事に取りかかっていた。それで大切な仕事をする時間が少ないことによく苛立っていた。

それをセラピストのジェイソンに話すと、彼は眉間にしわを寄せて尋ねた。

「本を書くことのほうが、長期的な目標や人生の方向性という点で重要なのでは？　最高の本を作りたいの？　それとも、毎日毎日、とりとめのないメールに追われたいの？　どっち？」

毎朝何十通ものメールを送って生産性が高いような気になっていたが、それで私の時間は削られ、じっくり考えて質の高い仕事をする活力も減っていた。そこで、私はスケジュールを反転させ、エネルギー量が最大である朝一番の時間を執筆に充てた。その後、同僚や生徒への返信は続けているが、モニター上の「やることリスト」を片っ端から片付けるのではなく、最重要である執筆作業により集中し、うまくできるように変えた。


仕事の質を上げるには、少なくともしばらくの間、他の業務をしないことが必要な場合もある。

アドバイス3 ――「仕事と私生活の干渉」のループを断ち切ろう――

以前は、朝だけでなく週末や夜もメールに時間を取られていた。働きすぎの典型だが、私も常に仕事に乗り遅れないようにという強迫観念に駆られていた。仕事関連のメッセージや学生のメールには全部すぐに返信しなくちゃと、夜中までベッドでメールの返信を続けていたくせに、不安すぎて眠れないのはなぜだろうと思っていた。自分の心身が回復できる時間的ゆとりのある生活を構築するには、デジタルの業務時間を大幅削減する必要があった。

ルイーズ・ディミセリ＝ミトランはカウンセラーで、過労でストレスのひどい人びとの支援を専門としている。彼女の個人オフィス、「リズム・ウィズイン」では、顧客の適切なワーク・ライフの境界を設定する支援をしているが、業務関連でスマートフォンを使う時間の削減が課題となることは多い。

「クライアントの何人かに、深夜の業務メールの件で上司と交渉させたこともあるよ」と、ルイーズは言った。

「上司に直談判する勇気を出すにも、心理的サポートが必要なのだけど、『あの、ストレスがひどいので、今後は午後8時以降のメールには対応しないことにしました』と伝えるとね、それでバッチリうまくいくこともあるのよ。上司の側も『そうか、いい考えだね。じゃあ私も夜8時以降は何も送信しないようにするよ』って」

組織自体がストレスを燃料に仕事を進める悪しきパターンに陥って、深夜のメール送信が当然の規範になっていることは多い。ルイーズも言うように、マネジャー自身が仕事と私生活の境界線をうまく引けずに困っているケースもあるため、部下の誰か一人がその有害さに疑問を投げかけるだけで、業務方針が大きく改善しうるのだ。

マーカス・ニーニも自社でよく似たアプローチを取っているが、彼の場合、ワーク・ライフの境界線の引き方は、従業員個人の志向に委ねている。「本人の性格によっても違うからね」とマーカスは言う。

「大事なのは、ストレスへの対処法を知っておくことだと思う。あるマネジャーは、部下に携帯電話の通知をオフにさせたがった。彼にとっては、夜に通知が来るのがストレスだったからだ。でも、オンラインで常時つながっていたい人もいる。そう望む人には、禁止する理由はないよね」

やはり重要なのは、従業員の自主性を尊重することなのだ。部下は各自の続けやすいペースで重要な仕事を成し遂げられる、と信頼できるかに尽きる。

もちろん、こうした自由度が認められない組織もある。携帯電話をオフにしたいと言うと叱責される職場もあるだろう。そのような場合、その環境を去って別の職場を見つけるしかないことも多い、とルイーズは言う。

「結局、自分をよく知っておくことが大事。自分にとっての境界線や限界を理解して、興味がない仕事や心身に良くない仕事は辞めること」

「怠惰のウソ」は職場に浸透しているため、ハムスターの回し車のような仕事と私生活の無限ループから抜け出すには、その輪から完全に離れるしかないこともある。それは向こう見ずに感じられ、怖いことだ。ルイーズはそれを身をもって知っている。

「私自身も、本当にストレスのたまる仕事をしていたの。親しい人からは、『そんな仕事辞めなよ』と言われていた。でも2年その職場で頑張って、結局は解雇された。クビになるまで、自分のオフィスを開くなんて思いもしなかった。それからは、すごく幸せにやっているよ」

「怠惰のウソ」は、他には選択肢がないと私たちに思い込ませることで、より勢力を広げる。

その結果、私たちは不安になり、まだ十分にやれていないと思い込み、他の仕事を探す権利も、過重労働の職場を辞める権利も自分にはないと信じ込まされている。自分は怠け者で、給料に見合った働きができていないと思わされ、いつも自責と被害妄想に駆られるのだ。こうした怯えたマインドセットでは、待遇改善を求める交渉などはまず不可能だ。今のようにつらくない職場で成功できるだけのスキルや意欲が自分にあると気づくには、強烈な目覚めのきっかけが必要となる。

アネット、ケイトリン、ルイーズの3人は、それぞれ強い自己認識を身につけ、自分の生き方と一致しないキャリアから身を引いた。

アネットは、産業組織心理学者としての専門知識のおかげで、仕事を辞める決心がついた。ケイトリンにとっては、学術界から抜け出すために、どんな仕事で喜びや苦痛を感じるか、自分との深い対話が必要だった。ルイーズの場合には、自由な選択ではなく、何年も燃え尽き状態で働いていた仕事をクビになる「幸運」に恵まれたのだ。彼女はプロのカウンセラーで燃え尽き症候群の人をケアする側の仕事だったが、それでも自分が自由になるには外からの後押しが必要だった。

ルイーズのように働きすぎのループにとらわれている人は多い。

「怠惰のウソ」は、仕事こそ崇拝すべき至高のものだと私たちに説いてきた。生産性を追い求める人生を降りるのは怖いものだ――とりわけ、業務量と業績が自分の価値を決めると信じ込んでいる場合には。

第4章

人間の価値は業績では決まらない

承認のための終わりなき生産性競争

1973年、投資家にして作家のアンドリュー・トビアスは、自叙伝『The Best Little Boy in the World』(未邦訳、仮題『世界一の「良い子」だった僕』)を出版した。この本でトビアスは、1960〜1970年代にゲイであることを隠し、仕事で出世しながらも、ありのままの自分を出せずに苦悩した半生を描いた。[1]

トビアスは10代前半には自分がゲイだとわかっていた。その時代をクィアとして生きた人の大半がそうだが、彼は自分の性的指向を深く恥じていた。その埋め合わせとして、何でもできる、誰にでも好かれる完璧な良い子を演じようとした。スポーツでトロフィーやメダルを獲得し、週末もデートなどはせず、良い成績を取るのに全力を注ぎ込んで、ずっと勉強をして過ごした。両親ご自慢の素直で優秀な子だった。

大人になって働き始めたトビアスは、「世界一の良い子」のエネルギーを業務に注ぎ込み、職場で徹夜をして、必要以上に早くタスクを片付けたりもしていた。ある水曜日の夜、上司に翌週の火曜日までに資料を作るよう言われた際のことをトビアスはこう記している。

「よし来た。僕は朝方まで職場に残ってレポートを作成し、タイプし、コピーし、製本して、木曜の朝には上司のデスクにある状態にした。僕にはそれが、性行為みたいなものだった」

トビアスはゲイだからと社会から拒絶されるのを恐れ（それが当然の時代だった）、全力で努力し、良い業績を重ねることでその恐怖を抑えようとした。性的指向や社会的地位にかかわらず、点取りを重ねて他者から尊敬を勝ち取れ、という社会的プレッシャーは誰もが経験するものだ。人から愛されるには、あるいはただ社会に居場所を作るには、コツコツと努力を積み重ねて成果を出すことで、その権利を得なくてはならない、と「怠惰のウソ」は私たちに刷り込む。

自分の直感など信じるな——休みたい欲求は無視せよ、快楽や優しさや愛を求める衝動などは弱さの象徴だから否定せよ、とも「怠惰のウソ」は言う。これを信じたトビアスは、賞や業績をずらりと並べて壁を作ることで、本当の自分を隠そうとした。

今の社会は、トビアスが育った時代とはかなり違う。それでも、頑張って成果を出して人を喜ばせたいと必死になるトビアスに、自分や友人たちが重なって見える。クィアとして生きている人は今でも、「世界一の良い子」でいなければと強いプレッシャーを感じがちだ。自分らしくオープンに生きることを選んだために失った愛情や敬意を、結果を残して実績を積み上げることで取り戻そうと頑張っているのだ。

社会の周縁で生きているのは不安だし、たとえ今は受け入れられていてもその地位がいつ奪われるかわからない恐れがあるから、私たちは自分を守ろうと必死で働く。副業をし、長時間労働をし、レポートを早く提出し、疲れるのを承知で業務や役割を引き受ける。そうやってトロフィーを稼ぎ、預金残高を積み上げ、上司を満足させれば、蔑視されずに済むはずだから。度を越した努力で自分を守ろうとするのは、クィアの人びとだけではない。社会での立ち位置が脆いと感じている人は誰もが、こうした生き方へのプレッシャーを強く受けている。女性や非白人は、白人男性への期待値を大幅に越えなければ出世は無理だとたびたび思い知らされる。貧しい育ちの人や精神疾患のある人も同様に、頑張りへのプレッシャーを内面化しがちだ。「まだまだ足りない」と繰り返し言われると、人は「怠惰のウソ」に傾倒して、業績や報酬のために際限なく努力するようになるのだろう。

この文化では、安心できる居場所を得るにはすごいことを達成せねばならないと考えられている。

この現象を直截的(ちょくせつ)に描いた最新事例が、NBCのテレビコメディ『パークス・アンド・レクリエーション』の主人公、レズリー・ノープだ。

ミレニアル世代にレズリーの人物像がウケている理由は明らかだ。レズリーは元気で明るく、政治的にも負けん気が強い。行政の官僚主義や、派閥争い、同僚たちの持つ偏見や性差別的な言動の数々を、強い意志と楽観主義で乗り越えていく。シリーズ開始時点では、小さな市の公園緑地課（パークス・アンド・レクリエーション）課長補佐という低い職位だったレズリーが、シリーズが進むにつれて連邦政府職員へと出世し、最後はインディアナ州知事になる。数々の政争に勝利しつつ、出世街道を突き進む。

『パークス・アンド・レクリエーション』が多数のファンに愛されているのは、進歩的で頑張り屋の女性が、強い抵抗にあいながらも人生を勝ち抜いていく姿を描いているからだが、この番組の元気をくれるようなメッセージは空虚だと私はいつも感じていた。

レズリーは元気はつらつとしていて好感度の高いキャラクターだが、彼女のひたむきさはひどく強引でもある。

環境や社会的正義をとても大切にしている一方で、親しい友人には高圧的で失礼な態度を取りがちだ。目標達成のために、他者のニーズや優先事項を無視して自分のやり方を通すことも多い。夫や親友が嫌がっていてもノーと言わせず、無理やり自分の計画に時間を使わせている。働き続けて病気になっても、インフルエンザなのに病院を抜け出してまで仕事をする。

この番組では（ファンも）、レズリーをフェミニスト・アイコンとして称賛しているが、私はどこかで、レズリーって「怠惰のウソ」の代弁者だよな、と思ってしまう。たしかにレズリーはすごいことを達成しているが、それは自分の心身の欲求を切り捨て、友人との境界線を無視した結果だ。レズリーが成功に執着した行動をするたび常に報われる構成になっているのは残念だ。レズリーが楽観的にのんびり物事を捉えられるようになるシーンや、仕事以外のことに関心を持つ場面はない。

番組では、レズリーの夫ベンが失業中、コマ送りのアニメーション制作に夢中になるのをバカにしたような描写もある。ベンの動画作品はアマチュアレベルで、映画賞を取れるわけでもなく、新しい仕事につながりそうにもない。番組や登場人物の視点では、ベンのアニメーションへの情熱は、ある種、情けないものとして描かれる。無職になったベンがうつ病を発症するのも揶揄するように描かれていた。

努力し達成し続ける人生は、のんびりペースの人生よりも全面的に優れている、と番組は繰り返しほのめかす。残念だが、現実の人生もそうだと信じている人はいまだに多い。

もちろん、達成への執着には合理的な側面もある。とりわけ、何らかの理由で社会的にマイノリティとされる人にとってはそうだ。努力家になることが、困難を緩和する一助となることもある。

私が子どもだった頃、父はいつも、フルタイムの仕事に加えて副業をしていた。本書冒頭で述べた通り、父には障害があり、本人はそれを強く恥じて、雇用主には伝えずにいた。障害を知られたら業務不適格だと排除されると思ったのだ。それで父は、障害の「埋め合わせ」をするかのように、誰より勤勉に働き続けた。倉庫での三交代勤務の合間に、芝刈りをして副収入も得ていた。祖父も昼は塩田で働き、夜は近所の車を修理して収入の足しにしていたが、父は彼の足跡をなぞったのだ。

「怠惰のウソ」は、困難に直面しながらも懸命に働く男たちの物語を美化して描く。けれど、私が間近で見てきた父と祖父の人生は、絶望と孤独と痛みだらけの生涯だった。どれほど必死に働いても、彼らの夢見た安寧は得られず、2人とも常に身体の具合が悪いまま、50代で亡くなった。


レイチェルは教師で、トランスジェンダー女性でもある。職場で性自認を公表して性別移行を始める以前、彼女は何年も教員表彰を受け、称賛を浴び、業務時間外に大量の教務を引き受けていた。ようやく女性として生活するにあたって、努力家だという評判で自分を守る必要があるとレイチェルは知っていた。カミングアウト直後から、彼女は詮索を装った憎悪や偏見に次々と直面したのだ。

「私が自分らしく、フェミニンな服を着て出勤し始めた途端に、同僚は、プロ意識がない人とは一緒に働けないと非難するようになった。みんなとても冷たかった。今までの態度とは雲泥の差だった」

不寛容な保護者や同僚からの苦情が殺到したため、レイチェルは自分の立場を守るために、受賞歴や業績評価をアピールせざるを得なかった。職務業績評価を見れば、レイチェルが一部から指摘されているような、問題のある不適合者ではないことは明白だった。在校生や卒業生に慕われているのも、突然押し寄せた批判から彼女を守るのに役立った。もしレイチェルが職場で「世界一の良い子」をしてこなかったら、ただ自分らしくあるだけで解雇されていただろう。

非白人の人たちも、頑張りについて同じように捉えているという話をよく聞く。黒人の親の多くは子どもに「私たちは白人の2倍は頑張らなきゃダメなんだよ、それでも半分しか評価されないんだから」と伝えている。[2]

社会的マイノリティは、普通にやっても評価されず、圧倒的に優秀でなければならない。だが、優秀であろうとする努力には、多大な精神的負荷が伴う。いつも勤勉でやる気があって品行方正な人を演じざるを得ないため、自分はウソの人生を生きていて、本当の自分自身ではないように感じてしまう。

業績ははかないものだ。いくら達成しても真の満足は得られない。ゴールテープを切ってトロフィーを手にした時点で、レースを走る喜びは終わる。

いくら勝利しても、「怠惰のウソ」の命令に打ち勝つことはできない。「怠惰のウソ」は「決して満足するな」と説くため、いくら勝利を連ねても、次々と新しいチャンスを求めて走り続けなければならないのだ。

このように、業績を上げるのに汲々としていると、自分のしたことや、通ってきた道のりを心から味わい、満喫することができないため、人生は実りある楽しいものにならない。

また、業績を追い求めていると、競争心が過剰に強くなり、他者のことを、次の大きな成功を妨げる障害物としか思えなくなる。

レズリー・ノープのように、「勝つ」ことに夢中すぎて、友人や自分自身のケアを忘れてしまいもする。ともすると家族やパートナーの成功を、自分より頑張って輝いている脅威だと感じてしまう。怠惰への恐れのせいで、人生や喜びや誇りはすべて奪い尽くされてしまい、何も残らない。

さらに業績重視の考え方が強まると、自分の行動のすべてを分類、測定、審判するようになる。不幸なことに、デジタル化の進展で、この強迫観念は助長された。

今や、運動量や、Instagramの投稿への「いいね！」の数、今年読んだ本の冊数、友人と比べた自分の「パフォーマンス」などが、簡単に可視化できてしまう。料理や手芸、旅行といった自由時間の楽しみさえもすべてが記録、共有されて、他人との相対評価に晒される。

「怠惰のウソ」の感染範囲は、仕事のキャリアを越えて広がっている。

あらゆる領域で達成を目指せと追い込むため、本来はリラックスできる非生産的なはずの行為さえ例外ではなくなった。そのせいで、ただ楽しく心身が癒やされるような活動からも、喜びや安らぎが奪われてしまう。

人生がゲーム化される

テイラーは今年からプログラミングを勉強し始めた。PythonやJavaなどのプログラミング言語がわかれば条件の良い求人が増えると聞いて、やりがいのない今の事務職を抜け出したいと考えたのだ。テック業界の生活は気楽で快適そうなので、自分もそこに行きたいと思った。

「友達のヘザーなんて、頭の中が完全に散らかってるのに」と、テイラーは言う。「コードが書けるからって、高給をもらって毎日オフィスで豪華な無料ランチを食べてる。職場にヨガ用の部屋があるんだって。あーあ、英文学なんか専攻するんじゃなかった」

そこでテイラーは、さまざまなプログラミング言語を自分のペースで学べる学習サイトで、就業後の時間を過ごすようになった。

その学習サイトはカラフルで楽しいデザインが特徴だ。プログラミング関連の短期コースが多種多様で、各コースは短い講義動画と実践的な演習、オンライン試験で構成されている。明るく刺激的なので、テイラーは毎晩、無理なく終業後にログインできていた。

「以前は毎晩、ネット論壇でバチバチやってたけど、今は学習サイトを立ち上げて、いくつかレッスンをこなすだけ」と、テイラーは冗談半分に言う。

テイラーが、ある種の強迫行為（ネット上で知らない人と議論すること）を別の行為（オンラインで短い設問に答えること）に置き換えられたのは当然だろう。というのも、その学習サイトは、できるだけ面白く、やりがいがあり、病みつきになるよう設計されているからだ。

サイト側は、どうすればユーザーが夢中になってリピートするかを熟知している。複雑なトピックは一口サイズの小項目をまとめたユニットに分割されており、ユニットを修了するごとに、ちょっとしたメダルがもらえる。たくさんコースを修了し、サイトに頻繁に来訪すれば、こうしたご褒美は増えていく。

私は、プログラミングや統計の授業でDatacampという類似のサイトを使うことがある。学生たちにとって、このサイトはゲームみたいで学習モチベーションが高まるようだ。ミニ授業を受けるごとに経験値のポイントが加算され、日課をやれば継続のご褒美がもらえる。学習状況はSNSアカウントにリンクされるので、友人や職場の同僚、同級生から達成メダルやポイント獲得状況が見える仕組みだ。その学生が、どれほど勤勉な頑張り屋であるかが共有される。

外国語学習アプリのDuolingoも、よく似た手法で運営されている。毎日続けられるような単語と文法の短いレッスンで構成され、ユーザーを飽きさせない刺激的な工夫が満載だ。語彙をドラッグ&ドロップして文章を作る問題もあれば、携帯電話のマイクに向かって回答するセッションもある。どの演習もほぼゲームのような見た目と使用感だ。ログインすれば毎日ポイントがもらえるが、数日アプリを開かずにいると、Duolingoのマスコットのかわいい緑のフクロウから通知が届き、もっと頑張れと叱られる。

こうしたサイトやアプリを使えば、瞬時に満足感が得られる。習慣化して日常的に使わせる設計になっているのはテレビゲームと同じだ。

さらに、「怠惰のウソ」が私たちに植えつけた渇望——達成感や価値を確認したい欲求——をくすぐる仕組みになっている。

こうしてタスクがゲーム化されることで、ユーザーは生産的な時間をどんどん増やそうとし、小さなトロフィーや市場価値の高い新スキル獲得のために使わない時間はすべて「無駄」だと感じるようになる。

テイラーの場合も、短期間でプログラミングを学ぶために多くの自由時間を使い、絵画や執筆などといった好きなことに使える時間が減ってしまった。

「コーディングを優先したいから、執筆は面倒だなと思っちゃう」

テイラーは地元の書店や喫茶店で自分の作品の朗読会を開いていたが、ここ数カ月はその時間も気力もなくなっていた。以前のように時間を作って絵を描くこともない。

この時点で私は、テイラーのコード学習のスケジュールは過密すぎて不健康になっているんじゃないかと何度も口に出していた。しかし、テイラー本人はピンと来ていない。今だけの一時的なものだと思っているようだ。数年のうちに、本業を辞められるだけのスキルが身につくはずだから、それまでは、何とか頑張って学習サイトでスキルを貯めるのだ、と。

テイラーは未来を自力で築こうとしている。「怠惰のウソ」が説く通りに、あくせく頑張って、自由時間を差し出して、立派で勤勉であろうとするのだ。


ゲーミフィケーションが進み、私たちの生活のあまりに多くの側面がゲーム化してしまった。料理ブログやYouTubeチャンネルの登場で、食事の準備はパフォーマンスになった。Twitter(現X)のせいで、友達と冗談を言い合うのも、お笑いの授業のように感じる。PinterestやInstagramのようなサイトが登場して、手芸も競技化した。

私が大好きな動画ジャンルに、キラキラした粉や絵の具、食用色素を透明な糊に混ぜてスライムやパテを作る動画がある。透明な糊やスライムにカラフルな色粉やスパンコールを混ぜ込む様子を見るのは、とにかく癒やされる。でも、こうした手作り動画を愛する自称「スライマー」たちのオンライン・コミュニティも、悪口や揉め事、憤怒のやり取りが絶えない状態になっている。新しいスライムの技法を発明したのは誰か、特定のスタイルで動画撮影を始めたのは誰か、などと人気アカウント同士が常に争っている。もとは、くだらないからこそ癒やされる活動だったはずのスライマーの世界も、いつしか地位に執着して口論の絶えない業界に変貌してしまった。

ゲーミフィケーションは、健康状態のモニタリングにも使われるようになった。運動の習慣はスマートフォンやスマートウォッチで追跡され、友達全員に共有される。Fitbitのアプリを開けばいつでも、自分の知人がリーダーボード（プレイヤーのスコアを表示したボード）にいるか、誰が最多歩数を稼いだかが一目瞭然だ。それを見て、自分ももっと運動しようとモチベーションを高めることもできるが、他人の成果を見て自己嫌悪に陥ることにもなりかねない。

それほど積極的にSNSを活用していない人でも、ゲーミフィケーションの引力には抗いづらい。FacebookやInstagramは、ユーザーが頻繁に衝動的に利用したくなるような報酬がアルゴリズムで設計されており、そのシステムにうまく乗れないユーザーは孤立させられ、声が届かなくなるよう調整されている。

たとえば、Facebookを一日に何度も開かずにいると、あなたの投稿は友達リストの人から見えづらくなるという「罰」があるのは周知の事実だ。[3] その日のSNS利用が、サイトやアプリの基準でアクティブだと認められない場合には、自分の投稿への「いいね！」やコメントが表示されづらい現象も確認されている。

こうしたSNSで「いいね！」やフォローを大量に獲得するためには、他人の投稿に何時間も「いいね！」をつけて回ったり、コメントを残したりと「エンゲージメント」を高める活動をしなくてはならない。[4] そのサイト利用が多いほど、人気者になった感覚が得られる。

Facebookも Instagramも、他人の投稿の「いいね！」数こそ非表示にしたものの、個々のユーザーは自分の「いいね！」やフォロワー数を確認でき、その増減で自分の成功度を測れてしまう。[5]

こうして、「他者とつながる」という人間の基本的な行為でさえ、成果に執着して頑張るプロセスになってしまった。人びとは常に、注目度、「いいね！」数、フォロワー数、影響力を張り合っている。そのせいで、あらゆる行為から喜びが奪われてしまう。

業績よりも、経験の喜びを深く味わおう

ポジティブ心理学のフレッド・ブライアント博士は、楽観主義や幸福感、そして人生を豊かにする要素の研究をしている。40年以上にわたって、有意義な人生とは何かを研究してきた彼は、このテーマを非常に直感的かつ個人的なレベルで理解している。

フレッドは、ポジティブ心理学者に期待するイメージそのままの、常に笑っている陽気で楽

しい人だが、彼の発する言葉はすべて内省的で驚きに満ちている。

「心理学では、うつ病や不安症といったネガティブな症状の治療に重点が置かれすぎだ」とフレッドは言う。

「うつ病の逆は単にうつ病でない状態だと思われているけれど、それは違う。単に落ち込んでいない以上の状態になることは可能だ。どうすれば本当に幸せになれるのか、自分の人生には意味があり人生は素敵なものだと感じるには何が必要なのかは、いずれも解明できる。心理学は、悪いことをマシにするだけでなく、良いことを最大化できるはずだ」

フレッドの研究では、喜びや意味を見出すことはすべて**「味わう」**ことに行き着く。

「味わう」とはポジティブな経験をその瞬間に存分に楽しむプロセスのことだ[6]。

「味わう」には3段階のプロセスがある。まず、**①これからのイベントを楽観的にワクワクして待ち望む。次に、②ポジティブな瞬間の最中には存分に堪能する。そして、③その経験が終わってからも敬愛や感謝を持って思い出す。**この3つのプロセスだ。

「味わう」とき、人は好きなもので心が満たされ、その体験に全神経を集中させて没頭している。自分にとって心地よいものなら何でもいい。風光明媚な自然の中でのハイキングでもいいし、冷たく爽やかなカクテルでもいい。格別に難しいクロスワードパズルでもいい。

「やることリスト」の1項目をこなすのではなく、ただゆっくりと、感謝して、それに没頭するのだ。

「気が散っていては、味わうことはできない」とフレッドは言う。

「世界一おいしいピザを食べられるとしよう。そうだな、シカゴのディープディッシュピザの最高のやつだとしよう。でも、学生のレポートを採点しながら食べたら、その絶品ピザの味を満喫するのを完全に忘れてしまうかもしれない。ふと顔を上げてこんなふうに言うんだ。あれ、ピザはどこへ行った？　えっ、もうないのか。まあ、おいしかったんだろうね、何しろ一気に全部食べたんだから。でも、そのピザを食べたときの感覚は何も覚えていないな、って」

フレッドによれば、「味わう」達人なら、ピザから目をそらすようなことはしないそうだ。一口一口を計画的にじっくりと食べる。ひょっとすると、一番おいしい部分を楽しみに、最後の一口までとっておくかもしれない。

フレッドらの共同研究によると、味わうことにはさまざまな利点がある。味わうことに没頭すると、時間の流れがゆっくりに感じられ、その瞬間が細部までみずみずしく鮮明に知覚される。[7] 幸せな瞬間は味わうことで幸福度が強まり、体験が終わった後も幸福感は長く続く。[8] また、味わうことのできる人はポジティブな体験を振り返って幸せに浸る術を知っているため、人生がうまくいっていないときにも幸福感を高められる。[9]

おそらくその結果、味わう行為をよく行う人は、そうでない人に比べて人生の満足度が高く、気分も前向きであることが多い[10]。

よく味わう人はうつ病にもなりにくい。物事をよく味わわない人よりも、老化や健康の衰えなどの問題に、ずっと上手に対処できる[11]。慢性疼痛や心臓病、がんなどの患者でも、人生の良いものを味わう方法を知っているほうが長期的な経過は良く、病気が原因の落ち込みやストレスも経験しづらい[12]。一般に幸福は健康でいられる確率を高めるとされるため、味わうことは寿命を延ばし、病気を防ぐのに役立つと言えるだろう[13]。

「味わう」ことの最大の美点は、誰でもその方法を学べる点だ。

フレッドらは、味わうことは学習可能なスキルだと実証してきた[14]。味わう能力を高める心理的な方法はある。残念ながら、「怠惰のウソ」に支配された世界では、幸せを損なうネガティブな思考パターンの方がはるかに一般的なのだが、そうした心のありようを知ってそれを避けることもできる。

「味わう」の反対は「削ぐ」である。「削ぐ」とは、ポジティブな体験があっても、そこから注意をそらす、今後の心配をする、無視すればいいような小さな欠点を気にする、などでポジティブな体験から生気を吸い取ってしまうことだ。

『サタデー・ナイト・ライブ』というコメディバラエティ番組の名物コントに出てくるデビー・ダウナーは「削ぐ」の名人だ。誕生日パーティーの最中に自然災害のことを話したり、バースデーケーキがいかに健康に悪いかを説教したりしてパーティーを台無しにするキャラクターだ。デビーが良い雰囲気を「削ぐ」名人なのは、幸せな瞬間を無心に「味わう」人の邪魔をして気を散らさせる術を心得ているためだ。

デビーのように、ついネガティブになってしまう人は多い。研究によると、人の幸福感をくじいて、より惨めな気分にさせる「心の習慣」は4つあるという。次のページの表にあるこれら4つの習慣は、いずれも「怠惰のウソ」が強く奨励しているものだ。[15]

私たちが「怠惰のウソ」に教え込まれてきた、幸福感を削ぐさまざまな方法について、ここで少し考えてみたい。

「怠惰のウソ」は弱さや傷つきやすさを他人に見せず、自分の**「感情を抑える」**ように説く。これは、成熟したまともな人間は感情を表に出すべきではなく、幸せでもそれを隠すべきである、ということだ。

あるいは、「怠惰のウソ」は**「気を散らす」**ことをさせるのも大好きだ。達成欲に取り憑かれた仕事人間の私たちは、一日中マルチタスクをこなすことを求められて、おいしい食事や、輝く夕陽、近所の散策などを心置きなく堪能することはできない。

「怠惰のウソ」は完璧主義を称揚するため、私たちは**「あら探しをする」**達人になり、現実離れしたレベルの生産性や業務品質を自身に課し、達成できない自分を責めるようになる。

幸福を「削ぐ」4つの「心の習慣」	
感情を抑える	内気、謙虚さ、恐怖などを理由に、ポジティブな感情を隠して抑制する。
気を散らす	その瞬間の喜びを疎かにして、他のことを気にする。
あら探しをする	ある体験のポジティブな側面を軽視し、足りない部分や改善ポイントばかり気にする。
ネガティブな「心のタイムトラベル」をする	将来起こりうるネガティブなことを心配したり、過去の辛い経験を思い出したりする。

最後に、「怠惰のウソ」は私たち全員を**「ネガティブな心のタイムトラベラー」**に仕立て上げ、いつになっても将来に不安を持ち、最悪のシナリオを想定するよう仕向ける。それで、今後を心配するあまり、今あるものに感謝できなくなってしまう。

これは、達成への強迫観念が常につきまとうせいだ。休暇を取る、賞を獲得するといった、本来なら嬉しいはずのことでさえ、測定し、記録し、SNSで世界に発信することが新たな義務になった。ひとたびその体験が終わると、それは忘れて次の資格、次のインスタ映え、次の「生産的」な時間の使い方へと急ぐよう「怠惰のウソ」は迫る。これでは、私たちは今この瞬間を生きることもできず、自分のしたことに心から誇りを持てない。

私のパートナー、ニックの元同僚にスタンダップ・コメディアンがいた。その人は、自分のネタがSNS上でどれだけ通用するかに固執していた。

毎朝、新しいジョークをFacebookとTwitter（現X）に投稿しては、1時間も通知をチェックしてウケ具合を確認していた。投稿後1時間以内に「いいね！」が百件つくかを、ネタの良し悪しの唯一の判断基準にしていた。その基準に達しなければダメなのだ。

彼は、投稿しているネタを本当に自分で気に入っているのか自問することもなく、ネタを書くのをクリエイティブな作業だと思ってもいないようだった。自分のしていることに誇りを持てず、楽しめてもいない。ただ毎日、目標数値の達成への執着だけでやっていた。

研究によると、日課に追われてストレスを感じている場合には、時間の流れが速く感じられるらしい[16]。義務と不安感にとらわれて、数週間、数カ月、あるいは数年という月日の感覚もおぼろげになり、のちに振り返って噛みしめたいような特別な思い出はほとんど残らない。**楽しくもない義務を次々とこなして生きていては、人生を味わえない。それどころか、何をしていたのか思い出すことさえできない**[17]。

こうした成果ばかり気にして頑張りすぎる生き方を脱却する方法は、幸いにも存在する。

自分の人生の価値を再設定する

生産性や他人からの称賛よりも、人生にはもっと大事なことがあるはずだ。執拗に目標を追いかけ、どこまでも社会的承認を得ようとしたところで、決して満足感は得られない。それどころか、人生の喜びを満喫するエネルギーが磨耗してしまう。むしろ、一歩引いて自分の価値観を再考し、何を成し遂げたかにかかわらず、自分の人生にはそれ自体で価値があると考えたほうがいい。

このように考え方をガラリと変えるのは難しい。「怠惰のウソ」に長年、洗脳されてきたのだから、なおさらだ。だが、考え方を変える方法はいくつかあり、効果が実証研究で裏付けられている。具体的には、**「味わい方を学ぶ」「畏敬の念を抱く」「あえて苦手なことに挑戦する」といった方法が挙げられる。**

味わい方を学ぶ

幸福感を「削ぐ」心の習慣についてはすでに見てきたが、反対に幸福感を満喫し、高める方

幸福を「味わう」4つの「心の習慣」	
態度で示す	幸せを態度で示す。にっこり笑う、歌う、喜んで飛び上がる、興奮して手をバタバタ動かすなど。
浸る	今この瞬間を生きる。起こっている体験に集中する。邪魔を押し除けて、没頭する。
人と分かち合う	ポジティブな経験を他の人と共有する。お祝いのイベントを開く、他の人と朗報を共有する、他の人を興奮させる、など。
ポジティブな「心のタイムトラベル」をする	幸せな記憶を反芻したり、人と一緒に過去の幸福な体験を思い出したりして、先の楽しいイベントを計画してワクワクする。

法について見ていこう。[18] 上の表に幸福を「味わう」ための４つの「心の習慣」をまとめた。

これを見ると、それぞれの習慣が、「削ぐ」習慣と対称の関係にあることが一目瞭然だろう。

最初の**「態度で示す」**は、自分の人生を幸せに満喫したいなら、嬉しいときには喜びの感情を表に出そう、というものだ。興奮すれば両手をパタパタさせ、子犬を見ればクークー妙な声を出している私には嬉しい情報である。

幸福感を高める方法としては、人生の楽しい瞬間には、全力で**「浸る」**ことも挙げられる。余計な考えは捨て、マルチタスクをしようとせず、幸せな体験に細部までのめり込むのだ。私はこれを日常生活に取り入れて、毎日の昼食休憩を本気で取ることにした。これまでの私は、いつもランチタイムを「生産的」に使いたい誘惑に駆られて、ブリトーを頬張りながらメールに返信していた。でも、それではストレスはたまるばかりで、時間も飛ぶように過ぎてがっかりしていた。それで、PCから離れ、外に出てどこか良い場所を探し、ゆっくり食事をしてすべてを味わい、道ゆく人びとを眺め、ミシガン湖からの涼風を満喫するようにした。

人生の幸福度を高める習慣として、良い経験を**「人と分かち合う」**のも効果的だ。良いニュースは人と共有し、時間を取ってみんなで祝うようにしたい。これまでは、自分の成果を誇るのはみっともない、報酬を期待せずにただひたすら努力し続けるべきだと言われてきた。しかし実際には、誇らしいことは強調したほうが効果的だと実証されている。うまくすれば、良いニュースを共有した相手の気分さえ高められる。人は、自分の友人や家族の栄光を共に喜びたいもので、成功して幸せな友人を持つことが自尊心を高めるという研究もある。[19]

あと1つ、健康的な心の習慣として実践したいのが、**「ポジティブな心のタイムトラベル」**だ。将来を常に思い悩んだり、過去の悲しい出来事を考えたりするのとは真逆の行為だ。

人生を味わう達人は、良い経験を追想する方法を熟知している。その上、今後も喜ばしい経験がたくさんあると期待しているため、彼らの人生は幸福感と期待と希望に満ちている。

心理学研究をしていないとき、フレッドは登山愛好家だ。彼は普段2人の友人と同行するのだが、この2人は「ポジティブな心のタイムトラベル」を完璧に体得している。

「同行する友人の1人はいつだって、過去の登山を思い出させてくれる。『2年前の今日、僕らはレーニア山の頂上にいたよね』と言って数々の素晴らしい経験をよみがえらせてくれるんだ。もう1人は計画家だ。いつも次の登頂のことを考えていて、『ねえ、これは楽しみだね、あれをやろうよ』と先のことでみんなをワクワクさせてくれる」

達成ばかりに集中し、未来に不安を持つよう教え込まれてきたなら、こうした「心の習慣」を取り入れるのは最初は難しいだろう。

フレッドに言われて私も気が楽になったのだが、最初からうまくできる人は少ない。味わいの達人たちの大半は、ポジティブなことを満喫できるよう訓練し、時間をかけて熟達していったのだ。

「音楽の才能と似ているね。生まれつき耳がいい人もたしかにいるけれど、楽器を演奏するには、誰でも練習しなきゃならない。味わうことも同じ。努力は必要だ。やれば上達できる」

畏敬の念を抱く

達成への執着心を手放すには、意識して「畏敬の念」を抱く時間を作るのも良い。きらめく青い海、深い緑の森、コンサートでの素晴らしい歌声など、心の奥底から感動したときや、まったく新しいものと出会ったとき、私たちは畏敬の念を抱くものだ。[20] 圧倒されて、宇宙の大きさと自分の小ささを感じるが、それは脅威ではなく、むしろ爽快感や安らぎが心に満ちる。

畏敬の念を抱くとき、私たちは、圧倒的な美の前でものの見方が変わり、個人的な問題や心配はどうでもよくなる。

畏敬の念は、燃え尽き症候群の解消にも効果的だ。[21] 看護師やソーシャルワーカーなど、燃え尽きやすい対人支援職の人びとにとって、畏敬を感じる時間を作ることは、かけがえのないセルフケアになる。

セルフケアというと、マッサージを受けたり、新しい服を買ったり、温かい泡風呂に入ったりすることだと思われがちだ。たしかに、こうした消費を通じたセルフケアは市場化して収益を上げやすいので、よく知られているのも当然だけれど、「自分へのご褒美」は、セルフケアの方法の1つにすぎない。

畏敬の念は、ある種のスピリチュアルなもので、より深い癒やしにつながるセルフケアだ。[22] 宗教に関心がない人でも、畏敬の念や驚きの瞬間を追い求めることで、より大きな目的意識や自然との結びつき、人類全体との深い関係を感じ取ることができる。[23]

では、畏敬の念に打たれるにはどうすればいいのだろう。重要なのは、新しさと驚きだ。新しい状況に身を置いたり、斬新で興味深い刺激に触れてみたりしよう。方法はさまざまあるが、いくつかアイデアを挙げておきたい。

○具体的な目的もなしに、新しい街を訪れて探検する。
○通勤に初めての経路を使ったり、近所でも馴染みのない脇道に入って歩いてみたりする。
○まったく知らない分野の勉強をする。
○ある物をじっくり眺めて、それが作られて今日に至るまでにどれだけの人が関わったのか考える。
○自分が知らない活動に情熱を注いでいる人たちが集うイベントに参加する。
○今まであまり触れたことのない芸術（たとえば、詩や短編映画、彫刻、ダンス、マッシュアップ音楽など）を鑑賞する。
○友人や同僚に、その人の好きな分野について教えてもらう。本気で耳を傾け、何かを学ぼうとすること。

畏敬の念を抱くような出来事が多い人生は「味わう」機会に満ちている。慣れない場所に行ったり新しい経験をしたりすると、脳が情報を処理するのに時間がかかる。知らない場所へ向かうドライブでは行きのほうが、帰りより長く感じられるのもこのためだ。[24] 私たちの五感が新しい経験の細部に集中して情報処理を行うとき、世界が広く可能性に満ちているのに気づきやすく、日々の義務や将来への不安を忘れられる。

畏敬の念を抱くことは、「味わう」行為と非常に近い知覚プロセスなので、「味わう」ことを習慣化したい人にとっては、もってこいの練習になる。

あえて自分の苦手なことに挑戦してみる

もしあなたがいつも頑張り屋の優等生で、表彰式の常連タイプであれば、自分の不得意なことは避けたいだろう。学生時代に「ギフテッド」扱いを受けた人や、子どもの頃から「頭のいい子」と言われて育った人にはよくある問題だ。何でもよくできるねと褒められるよう頑張ってきた人生なら、へまをやらかすのは心底嫌なものだ。

けれど、上手にできないことをやってみるのは、「怠惰のウソ」から抜け出すにはとても良い方法だ。失敗を受け入れられるようになれば、何ができるかできないかに関係なく、自分の人生に意味があると気づける。苦手なことを継続するには、最終的な成果物よりも、そこまでのプロセスを楽しむ方法を身につけるしかなくなるからだ。

うまくいかず非生産的な活動で時間を「無駄」にすることを受け入れられるようになれば、世の中が敷いたレールに従ってチェックボックスに達成の印をつける生き方から離れて、自分なりの目標や優先順位が自由に選べるようになる。

『失敗のクィアアート：反乱するアニメーション』という本の中で、ジャック・ハルバースタムは、社会から求められたことに失敗することが、実は革命的な行動になり得ると指摘する。[25]失敗することで、他者のために価値を生み出すというプレッシャーに抵抗している自分に気がつく——それがすべてを変えるのだ。

「クィアな生き方は静かに負ける」とハルバースタムは言う。「そして負けることで、生、愛、芸術、そして存在のための、別の目標を想像するのだ」と。[26]言い替えれば、失敗することで、私たちは他人の期待に従うのをやめて、自分自身が本当に望む目標や優先事項を自由に選べるようになる。

「怠惰のウソ」は、私たちが得意な分野で生産的であり続けるよう望んでいる。だから、苦手な活動にあえて取り組むことで、成功せよという外圧に関係なく、純粋な愛に突き動かされた選択ができるのだ。

私には、情報処理能力や教えるスキル、文章力など、他者から見て価値の高いスキルがある。でも、この1年、私は毎週、時間を作って本当に苦手な（そしてこれからも苦手であろう）ウエイトリフティングに取り組んできた。

虚弱で運動音痴な私は、ジムに行ってもろくなことがないだろうと思って、ずっと避けてきた。でも今年になって、ウエイトマシンの使い方を覚えようと思うようになった。もっと自分の身体をケアしたかったし、強くなるのはちょっと楽しいかもしれない、とも思って、週に3〜4日のジム通いを始め、ゆっくりと取り組んだ。

決して得意になることも、誰かを感心させることもない技術を学ぶのは、妙に新鮮だった。ウエイトマシンの前に座って、1カ月前よりほんの少し重いウエイトを持ち上げられるようになったとわかると、少し誇らしい気分になる。

私が筋骨隆々になることはないし、特別強くもなれないだろう。でも、苦手で怖かったことに粘り強く取り組み、トップレベルには程遠いが、機嫌よくやれるようになった。ときには、自分がここまで来られたこと、自分の身体ができることに、ちょっぴり畏敬の念を覚えるほどだ。

生活を記録しすぎない

ジョアンはネット上の有名人になりかけていた。何年もTwitter（現X）やTumblrに、時事問題やポップカルチャーについての博学でウィットに富んだ、笑えるコメントをたくさん投稿していた。タイミングがうまく重なると、ポストが爆発的に伸び、何十万もの反応が寄せられた。ジョアンがネットに上げたアイデアを基にファンアートを作る人まで出てきた。こうしたポジティブな反応は病みつきになる。ときには、もっと拡散されたくて、自分にとって良くない行動をすることもあった。

ジョアンの投稿で人気が出るものは、自身の人生の暗く荒涼とした経験についてのポストが多かった。カナダの片田舎で貧困の中で育った彼女は、うつ病と社会的孤立に何年も苦しんだ。少女時代は、地元の小さな町での人間関係にとても苦労した。セレブ文化やハリウッドの古典映画などには興味がない異性愛者ばかりで話が合わなかった。

他の人が奇妙に思うような話題に夢中になる気持ちや、その話題を他者と共有できずに落ち込む気分をダークなユーモアにして投稿すると、何度も猛烈に拡散された。世界中の孤独なネットおたくたちがジョアンに共感したのだった。でも、ジョアンがそこから何かを得ることはなかった。

「ネットのコミュニティは、当時の私の病んだメンタルを、ある意味、コンテンツとして消費していたと思う」と彼女は言う。「私は自分のトラウマをうまく辛辣なネタにできてはいたけど、代償はあったよね」

すべてが変わったのは、ついに文章を書いて報酬を得るチャンスを得たときだった。ある投稿が広く話題になり、長編映画の構想が持ち上がったのだ。

突然、ジョアンは映画プロデューサーや有名監督と話すことになった。彼らはジョアンのアイデアを大型プロジェクトに発展させたいと考えていた。何年もの間、良いアイデアをインターネットの世界に投げかけても、大量の「いいね！」が返ってくるだけだったが、ついにその努力が認められたのだ。以来、ジョアンの優先順位は大きく変わった。

「自分の考え方やアイデアには価値があるんだと知って、無料で提供するのはやめようと思った」とジョアンは言う。「大量の『いいね！』がついてシェアされて、ものすごく拡散されてドーパミンが出るより、ちゃんとギャラが出る方がいい」

ジョアンの行動はすぐに変わった。脚本執筆のコースを受講し、メディア業界でのキャリアを目指してクリエイティブなポートフォリオの作成に努めた。自分の文章をオンラインで無料では出さずに販売するようにした。そして、拡散やフォロワー数を追うことに時間を費やすのはやめた。

「ウィットの効いたポストや気の利いた文章を書くのは得意で楽しいし、見てくれる人もたくさんいる。だけど、長編プロジェクトは、もっと満足感がある」と、ジョアンは言う。

「そういう本気で取り組む大規模プロジェクトで達成感を得るには、ネット上からは一歩引いて、拡散や『いいね！』祭りはやめとかなきゃね」

ジョアンは今、ネット上で自分の生活をあまりシェアしていない。トラウマについて投稿することもないし、いいジョークのアイデアを Twitter（現X）に投稿して無駄遣いすることもない。その時間を脚本の執筆に充てている。脚本にはたくさん時間が取られるが、収入はずっと良い。競争と達成に取り憑かれたSNSの世界から遠ざかればそれだけ、自分の人生を楽しめるようになったとジョアンは言う。メンタルもかなり改善した。リアルで会う友人もずっと増え、禁酒も続けている。ネットをやめたら魔法のように健康になれたのではない。ネットでインスタントな満足感や成果に執着しなくなると、自分のことを本当に気にしてくれる人たちや、制作に向き合う貴重な時間ができたのだ。ジョアンは過去の辛い記憶を「コンテンツ」化して生産性を上げるのをやめて、その傷を癒やすことにした。

近年、ジョアンはキリスト友会（クエーカー教）の定期集会に参加するようになった。インターネットの過剰な刺激から離れることを覚えたジョアンは、今や毎週の午前中に見知らぬ人たちと共に静かに座り、思索しているのだ。

キリスト友会の集まりでは、誰かが「コンテンツ」を提供することはない。牧師の説教もない。しゃべることへのプレッシャーもないし、注目や承認を求めて人と競争することもない。ときに誰かが本当に心を動かされ話したくなる瞬間はあるが、それ以外は、ただみんなで集まって、静かに座っている。

デジタルツールによって生活は便利になったものの、そのせいで維持すべきアカウント数や、気になる通知の数は無限に増えていった。SNSのアプリは、どんな人生経験も掘り起こして達成ポイントに変換せよという強いプレッシャーを生み出し、喜びを閲覧数に変えてしまった。**生活上のほぼすべての活動は、記録し、測定し、成功を広報すべきものになっている。そうした強迫観念は精神衛生に有害だというエビデンスは山ほどあるにもかかわらずだ。**

この状況から完全に抜けられる人は少ないだろう。スマートフォンなんて窓から投げ捨ててしまえ、と思っても、日常のタスク管理や人とのつながりのためにデジタルツールが必要だ。でも、だからといって、人生のゲーム化にすべてを賭ける必要はない。

ジョアンのように、デジタル領域との付き合い方に合理的で現実的な境界線を引けばいい。こうしたツールの使い方を見直せば、「自分の価値は生産性で決まる」という考え方と訣別し、生活を変えられる。

スマートフォンを触らない時間を作る

スマートフォンが手の届くところにあると、ついチェックしてしまう。そうなるように設計されているからだ。

大半のアプリは、できる限り中毒性を高めて魅力的に映るよう開発されている。大量の通知や、利用頻度に応じた「報酬」、新しいコンテンツを求めて数分ごとに更新したくなるアルゴリズムなどが細かく設定されているのだ。[27] その上、大切なメッセージやイベントへの招待などの機会損失に対する恐怖心のせいで、私たちはデバイスを手放せず、本当に何もしない時間を作って怠惰に過ごせずにいる。

スマートフォンがあれば全世界の情報にアクセスできるため、使っているときは自分が力を持ったかのように感じられる。[28] ある調査によると、スマートフォンを取り上げると、その人は不安になり、自尊心の低下も見られるという。

こうした無力さへの恐怖のせいで、スマートフォンを手放すのはますます難しくなっている。

だが、スマートフォン依存が進む一方で、「デジタル安息日」を過ごそうという動きも広がっている。[29] デジタル安息日は読んで字のごとく、週に一日はデバイスや通知を無視して過ごすというものだ。

週末に設定している人が多いが、平日にオフラインにしても良い。メールやSlackのメッセージを常にチェックしていると、従業員は気が散ってストレスが高まるため、業務中のオフラインを奨励する組織も出てきている。[30]

とはいえ、大半の人にとって、一日中スマートフォンを使わないのは非現実的で、やろうとは思えないだろう。それでも、夜のある時間以降は返信や通知のチェックをしない、などの線引きは可能だ。

第3章で述べたように、マーカス・ニーニの組織では従業員は夜のメール返信をしなくてよい。あるいは、自分でネットの使用範囲に制限を設けるのも良い。

友人のモニカは2台目の携帯電話にはＳＩＭカードを入れず、夜間のネット閲覧にはそちらを使っている。ハイキングが大好きな自然派の彼女は、夜、インターネットで地元の動植物を調べたり、次のハイキングの計画を立てたりする。

以前は、このリラックスした楽しい時間が、ひっきりなしに来る通知やメッセージのせいで台無しになっていた。携帯電話の接続を断てば、ストレスなくネットを楽しめる。あるいは、画面の明るいスマートフォンやＰＣではなく、Kindleなど電子インクのデバイスを利用すれば、感覚過敏（ないし情報過多）を避けつつ、情報を楽しめるだろう。

通知と活動履歴をオフにする

スマートフォンに届くリマインダーや通知の大半には、緊急性はない。いとこからのFacebookメッセージに即時に返信する必要もないし、スペイン語の語彙学習を1日サボったからといって、語学アプリのマスコットキャラクターはあなたの寝込みを襲って殺したりしない。次々にやってくる騒々しい通知音や着信表示に忙殺されていると、緊急性がないという事実を簡単に忘れてしまう。スマートフォンから通知が頻繁に来ると、不注意や多動傾向が強まるとされている。[31] また、うつや不安障害など精神疾患のリスクのある人がスマートフォンを過度に使用すると、症状が悪化しやすい。[32]

自分を守るには、煩わしいリマインダーをオフにして、常に通知をチェックする誘惑から逃れるのがベストだ。また、罪悪感やストレスの要因となっているアプリを特定して、使わないようにするのもいい。

整理系のアプリの中には、本当に生活に役立つものもある。私の場合、スマートフォンのカレンダーアプリのおかげで、スケジュール管理のストレスは軽減できた。その一方で、アプリを使って睡眠や歩数、運動量をモニタリングしても不安になるだけだと気づいたため、数カ月前に意を決してFitbitアプリを削除した。自分の身体活動を記録して世界中に公表しているうちに、私には、アプリが推奨する一日1万歩を毎日「達成」するのが義務に思えてきて、用事で達成できないと罪悪感に陥った。解決策は簡単で、ただFitbitアプリを削除すれば良かった。

成果ではなくプロセスを重視する

生活のゲーム化が劇的に進んだせいで、どんな活動でも競争と捉えてしまい、「今日の自撮りは昨日の投稿より『いいね！』が増えたか」「読書アプリに感想を書いた冊数は去年より増えたか」「友人よりも充実した自由時間が過ごせているか」などを気にしがちだ。こうした思考パターンでは不安と不満に苛まれてしまう。

これを抜け出すには、成長や自分磨きを必達目標だと考えずに、そのプロセス自体をじっくり楽しむべきなのだ。

ジョアンの場合は創作や執筆活動への取り組み方を完全に変えた。以前は自分の投稿がSNS上でどれだけウケるかに固執していた。他のネット論客と自分を比べて、相手ほどうまくいかないと気を病みがちだった。成果を追いかけるハムスターの回し車から抜け出せずにいたジョアンが前に進むには、競争から降りる以外に方法はなかった。

現在、ジョアンは創作活動をほぼ非公開で行っている。夜に執筆活動をするが、それはTwitter（現X）にネタを投稿するようなインスタントな達成感のある仕事ではない。ゆっくりと少しずつ進むものだ。準備が整っていなくてもアイデアを世に出さなければ、という外部からのプレッシャーもない。リツイートされた際のドーパミンの分泌とは無縁になったが、今のやり方のほうが、長期的に得られるものがずっと多いのは明らかだ。

心理学の研究では、他者との競争よりも、自身の成長に意識を向けるほうがずっと健康的だとされている[33]。誰がベストなのか、誰が一番生産的で、一番上手で、「いいね！」数が一番多いのか、常に競っていては疲弊してしまう。

「怠惰のウソ」は私たちを不安にさせるのが大好きだ。そうすれば簡単に搾取できるからだ。一番になりたければ、立ち止まって息抜きなどしていられない。その隙に他の誰かに打ち負かされるからだ。このような世界観は有害でしかない。これでは、回復する余地もなければ、新しいことを試す余裕もなく、静かに内省の時間を過ごすこともできない。

このような生き方をやめて、自分自身への思いやりを持ち、常にベストでなくてもいいと思えるようになれたなら、さまざまなゆったりとした「非生産的」な活動に喜びを見出せるようになる。

フレッド・ブライアントは優秀な心理学研究者でもあるが、本当に好きなのは登山だ。すでにおわかりだろうが、彼は山頂に到達するのが好きで登山をしているわけではない。頂上に向かって着実に進みながら、親友たちと一緒に雄大な自然を満喫するのが大好きなのだ。

「大変な努力をして登山をして、山頂にいるのはほんの数分じゃないか、と思うかもしれない」と、フレッドは微笑んだ。

「でも、登山は頂上到達を争うレースじゃない。大事なのはプロセスだ。経験を味わい、楽しむのが登山だ。頂上に立つためだけではなく、そこまでの道のりが大好きなんだ。これこそが『味わう』ことだ。『立ち止まってバラの香りを嗅ぐ』という表現があるように、焦らずにプロセスを満喫することが大事なんだ。『少しでも早く、多くのバラの香りを嗅ごうと野原を駆け抜ける』なんて言わないだろう？」

第5章

すべてに詳しくなくていい

すべての専門家にはなれない

「また知らない人とネットで喧嘩しちゃった」と、ある夜、ノアがテキストメッセージを送ってきた。「頼むから、僕にやめろと言ってくれ」

「時間の無駄だからやめなよ」と、私は彼に言った。もう50回は言ったと思う。

「どうせ相手は聞く耳を持たないから、君がしんどくなるだけだよ」

エンジニアのノアは多読家で、知識量は広範に及ぶ。ニュースも熱心に追いかけている。大量の知識や読書量は、ネット上では有利にもなるが、弊害も大きい。知識のせいですぐイライラして不安になる。ネットには大量の無知蒙昧(もうまい)な偏見が溢れており、論戦をしようと思えばきりがない。けれどノアはそのすべてに立ち向かおうとする。

「たしかにそうだな」とノアから返信が来た。「こいつはどうせ聞く耳を持たない。でもさ、MMRワクチンには水銀が入ってるとか言ってるんだよ。こんなデタラメを信じてる人がまだいるなんて信じられない」

こうしてノアは、ネットの論争に2時間も費やした話を延々と続け、相手が言った無知でバカげたことを次々と並べ立てた。ノアは、持論の根拠となる医学的研究をいくつも探して、相手に送ったり、あるいは相手の視点が変わるよう質問をしてみたり、さらに攻撃的なことを発言をして対立を深めたりしていた。

当然ながら、どのアプローチもまったく効果がなかった。

「もう諦めるべきだよね」ノアは言った。「言えることは全部伝えた」

「だね」と返信して、私はベッドに入った。

1時間後、ノアからまた着信があった。「反ワクチン運動がもともとは、子どもに障害があることへの恐怖から出てきたって説明しようとして1500語の暴言を書いたところだ。これって時間の無駄だよな」

おそらくは、時間の無駄でしかない。でも私は万が一あり得ることを書いて送った。

「この論争を全部読んだ別の誰かが、何かに気づいてくれるかもしれないよ」

「だといいけど」とノアは言った。すっきりしない様子だ。私は携帯電話の電源を切って、寝返りを打って、眠った。数週間もしないうちに、ノアはまた別のネット論戦について連絡してくるだろうな、と思った。あるいは、同じことを今度は私がノアにするかもしれない。

ノアのように、インターネットの使いすぎが習慣化している人は多い。どう考えても説得しようのない相手と無用な論争をする。社会問題を憂うことが一つの生産的な活動であるかのように、自分では解決できない問題に執着する。ニュース依存症で、脳にできる限り多くのネガティブな情報を詰め込まずにはいられない。

ノアの「次に読む本」のリストは、絶句するほど長い。私が読んで楽しかった本の話をすると、ノアはスマートフォンを取り出してメモアプリを開き、体感で5分ほどスクロールを続けてようやく、リストの最後尾にその本を追加した。リストの長さも驚きだが、その分野は人類学から海洋生物学、パーソナルファイナンス、フェミニズムまで、すさまじく多彩だ。人の家を訪れると、ノアは必ず本棚をチェックして、自分のリストに加えるべき気になる本を探す。どんな話題になっても、1〜2冊はそのテーマの本を勧めてくれる。ノア自身が実際に読んだものも、未読のものも含めてだ。

私と対話をしてくれた頑張りすぎの人のご多分にもれず、ノアも労働者階級の出身だ。デトロイトの荒れた貧困地域で育ったノアにとって、大学進学は当然のことではなく、キャリアの見込みも薄かった。両親は生活するのもやっとだった。そうした育ちもあって、ノアは「怠惰」にだけはなるまい、人並み以上を目指さなくては、と強いモチベーションを全方位に持っていた。

本業のエンジニア職がいくら忙しくても、ノアはいつも他のことにも努力していた。外国語をいくつも学び、イディッシュ語とヘブライ語は会話習得のために海外へ行った。受講経験はないはずだが、神経科学にもとても詳しい。多数のニュースサイトをフォローし、あらゆる方面の情報収集をし、自己学習を続け、政治への意識を常にアップデートしている。

ノアのPCはブラウザーのタブを大量に開きまくっていて、その負担でよくクラッシュしていた。ノアほど大量にタブを開きっぱなしにする人を他に知らない。ニュース記事や論説、科学レポート、エッセイ、SNSのスレッド、メールなどを一度に全部開いている。「あとで読もう」と思って数週間、数カ月が過ぎたものも多い。

フルタイム勤務で、通勤には毎日2時間かかっているノアに、タブを閉じてPCの負荷を減らす余裕は永遠に訪れない。たとえ時間があったとしても、ノアならその半分の時間でサイトを読みつつ、残り半分を使ってリストに追加する新しいサイトを探すはずだ。

「その関連記事で読もうと思ってるやつがあるんだ」というのがノアの口癖だ。「ほら、この記事だ。リンクを共有してあげるよ」

数年前、私はノアが作ったFacebookのグループを自分から退会した。ノアが、ひどいときには1日に何度もグループ全員に記事をシェアし続けていて、それに私はげんなりして、ストレスがたまっていた。

私がグループを抜けたことで、おそらくノアは傷ついただろうし、社会問題についてさほど真剣でないとノアには思われただろう。でも、そうするしかなかった。その時点ですでに情報の洪水に溺れていた私は、自分以外の情報依存症の患者のせいで、より重篤なところまで引きずり込まれたくなかった。ノアからすれば、重要な市民活動をしているつもりだったろうけれど。

読書がどれほどノアの人生を豊かにしてくれたのかは計り知れない。けれど一方で、読むことで彼の人生はかなりダメージも受けているはずだ。ノアはとかく未来について心配しているが、ニュースを読むせいで不安が焚きつけられているようにも見える。

彼には教養があり、聡明で、知識の幅も広いため、複数の社会問題は相互に関連していることをきちんと理解している。ノアの知性と情熱は素晴らしい資質だが、そのせいで、人びとを啓発してあらゆる無知を正すことに責任を感じてしまっている。これは非常に強いストレスになる。私もまったく同じ強迫観念にしょっちゅう振り回されているのでよくわかる。私の内なる教師はいつも、明らかに説教を聞きたくない相手にも教えたがるのだ。

私たちはすべてのことにおいて専門家になることは不可能だ。注目すべき問題は多すぎるし、細かく追うつもりでいても、ニュースは次々と変化する。私たちは歴史上、類を見ない量の情報にアクセスできる。その結果、情報に圧倒されてしまい、もっと知るべきなのに時間が足りないと罪悪感に苛まれている。

知識が人びとに力を与えるのは事実だし、インターネットへのアクセスによって人生が豊かになった人もたくさんいる。一方で、「怠惰のウソ」は、「インターネット利用という特権をフル活用してもっと学ぶべきだ」と私たちを焚きつける。

人が消費すべき情報量に上限はないかのように謳い、脳に情報を詰め込むことの感情的・心理的な代償については教えてくれない。「せっかく得た情報を活用して、個人はより生産的に、そして社会に役立つ存在になるべきだ、そうでなければ大量の知識を得ても無駄になってしまう」と「怠惰のウソ」は言う。

情報へのアクセスは恵みでもあるが、重荷にもなる。とりわけ、たくさん読んで知識を得ることを義務だと捉えている場合はそうだ。不愉快なニュースに接し続けるとトラウマになりかねない。絶え間ない情報の洪水の中では、立ち止まって内容を吟味するのは困難だ。

どれほどの多読家でも、ある時点でプラグを抜き、詳細なデータからネット上の無意味な口論まで、情報の垂れ流しをいったん止めるべきなのだ。

私たちは情報過多の時代に生きている。解決するには、より多くを知ろうとするより、むしろ一歩下がって、今より少ない情報量をより意味のある方法で摂取することが大切だ。

情報過多の時代

科学が進歩し、この世界についての情報が次々と蓄積されるにつれ、そのすべてを一般の人びとに教育するのは難しくなった。複雑な現代社会を生き抜くには、幅広い分野の知識が必要だが、そのハードルは年々上がっていて、「情報通」で居続けるのはもはや困難になっている。

高等教育の変遷を見れば、この状況がよくわかる。19世紀まで、大学には専攻科目は存在せず、学生は全分野を学ぶものだった。学位がある人は、リベラルアーツ、すなわち文学、哲学、音楽、数学、天文学などの教養全般を身につけているとされた。だが、19世紀半ばには情報量が増えすぎて網羅できなくなった。そこで「専攻」という方式が生まれ、すべてを学ぼうとするのではなく、選択したテーマを掘り下げてその専門家になる仕組みができた。[1]

その後も人類の知識は拡張を続け、残念ながら大半の分野は学部4年間の学習では十分に習熟できないほど内容が濃くなった。たとえば心理学を深く理解するには、学部では足りず、修士号か博士号を取りにいく必要がある。学部だけでは必要な知識をカバーできないため、求人の条件に最低でも修士以上が求められる業界が増えた。[2] 大学界隈では「修士が学部卒レベルの扱いになった」と言われている。[3]

大学教員として私はこの「学位インフレ」の進行に心を痛めている。人類がより多くの知にアクセスできるのは、良いことであるはずだ。けれど、学歴が、将来有望なキャリアを得るために必須の資格とされ、それに伴う費用と時間は増える一方だ。

かつては、大学教育によって多様なキャリアの門戸が開かれるようになり、特に貧困層や社会的マイノリティにとって意味が大きかった。だが今では、高等教育を受けることへの社会的プレッシャーは強く、経済的負担も大きい。修士課程を最大の収益源と見なしている大学も多い始末だ。[4]

情報過多の問題については、大学の事情はパズルの1ピースでしかない。データや知識をもっと蓄えろという社会的プレッシャーは、学業に関係なく、起きている時間すべてに浸食している。携帯電話のロックを解除するたびに、事実や意見、ネット上の不毛な論争などが大量に押し寄せてくる。私たちは知識で自由になるはずが、大量の知識に困惑し、疲弊している。

リックはTwitter（現X）をやめるべきだと自分でわかっていて、何年もそう言い続けている。

「Twitterはろくでもない、表面的な受け売りばかりだ」とリックは言う。

「誰をフォローしようが、僕のタイムラインには、世界中の悲惨な出来事について、とにかくうまいこと言ってやろうとしている左派のコメディアンだらけだ。誰も有意義な会話をする気がない。ニュアンスを含んだ発言をしても曲解される」
それでもリックはＳＮＳをやめられない。
「一日中Twitterを見て、そのたびに絶望してるよ」

スーパーのレジに並んでいるときや、テレビ番組がつまらないとき、私たちはTwitter（現X）につい飛びついてしまう。更新するたびに、大量の新しいコンテンツが出てきて、すべては情報が簡単に飲み込めるよう一口サイズになっている。情報量は大量だが、一つひとつは短く、とても速いペースで会話が流れていくので、内容は浅く、結局は満足できない。

リックがTwitterをやめられないのも当然だ。Twitterは人びとの関心を奪うスロットマシーンなのだ。ただし、当たりの目は永遠に出ない。

インターネットは、情報へのアクセスや共有に革命を起こした。大学や図書館に閉ざされていた知識へのアクセスが可能になり、世界中の人びとが力を得た。ネットを通じて社会問題への関心も高まり、社会の片隅にいる人びとはネットを介してコミュニティを見つけ、理解し合えるようになった。トランスジェンダーの人びとが自分の経験を共有するオンライン・コミュニティがなかったら、私は自分がトランスジェンダーであることに気づけなかっただろう。それに、WordPressやMediumなどの文章共有サイトなしには作家になれなかったと思う。ネットに人生をポジティブに変える力があることは、身に染みてわかっている。

しかし、ネット上での情報共有があまりにも簡単なため、私たちは今、あり得ないほど大量のデータの洪水に溺れている。ネット上の情報量は驚異的な速度で増殖している。ＩＢＭによれば、毎日２５０京バイトのデータが追加されている。[5]データの増加率は年々加速していて、ネット上の情報の９割は過去２年間に追加されたものだ。[6]平均的な人が１日あたりに接する情報量は１９８６年の約５倍だ。[7]毎日、信じられないほどの量の情報を処理しなければならず、この状況は今後もさらに悪化すると予測されている。

残念ながら、毎日、目の前に飛び込んでくる情報は、有害で余計なものがほとんどだ。コメント欄やリプライの応酬で、人びとは行き場のない闘いを繰り広げている。さらに「ジャンクデータ」と呼ばれる、デタラメな考察や悪いジョーク、広告、自己宣伝、そもそもの文脈がわからなければ意味不明な、他の投稿への反応や批評など、雑音だらけだ。

そんな雑音に身を晒す価値はないのだが、対抗しようが、フィルタリングを試みようが、すべてを避けることはできない。

こうした悪意のないゴミ情報だけならともかく、人に危害を加えるような情報も共有される。ファシストの暴言やヘイトスピーチ、意図的なニセ情報、さらには巨大災害や死にまつわるトラウマ画像などだ。ＳＮＳには、不適切な画像やトラウマの恐れのある情報のフィルタリングと削除を行う専門チームがあるものだが、量が多すぎて完全には対応し切れていない。ひどい画像やヘイトに満ちた文章はフィルタリングをすり抜けてくるので、自分で対応策を考えるしかない。[8]

ネット上の情報の冗長性も問題だ。多くの人が、差し迫った社会問題や緊急事態への対策をサポートしなければと思い、そうした情報のシェアやリポストをして、自分の関係者に拡散している。他者を啓発したい思いが役立つ場合も多いが、誤情報やパニックを起こすリスクもある。

たとえば新型コロナウイルス感染防止情報として、台所のカウンターの表面でウイルス粒子が残存する期間についての警告をシェアする場合、これは友人の誰かの病気予防に役立つのだろうか？　それとも、友人のＳＮＳのフィードを、もう見たようなネガティブな情報で汚しているだけだろうか？　その事実の持つ意味や文脈をきちんと提示できているだろうか？　それとも、単に人びとを不安にさせているだけなのか？　共有する価値のある情報と、誤情報やすでに何十回も閲覧されている情報を区別するのはかなり難しい。

こうした情報をふるいにかけて、誤情報や意味のないもの、ヘイト発言を取り除き、有益な事実や意義深い考察をじっくり読むのには、大変な労力がかかる。そうした作業をしているうちに、すぐに間違いを正したり、偏見や差別発言に論戦を挑みたくなる。ノアやリックのように、自分のためになることに時間を使わず、ひたすらネット上で消耗している人が多いのも当然だ。

ネットに常時接続して最新情報を得なければという強いプレッシャーを内面化している人は多い。ニュースはかつてないペースで展開していく。ある話題が出て、すぐに大反響となり、議論が起こり、結局は誤りだったと判明する、という流れが数時間で起きることもある。ネットを常に見ていなければ、本当の事実を見逃すリスクがある。トランスジェンダーや女性、移民の権利への攻撃が毎日のように報じられ、それらは気候変動や構造的人種差別、パンデミックの蔓延、銃犯罪などのニュースに関連して出てくる。

こうした状況では、スマートフォンを切ってニュースを見ずにいるのは社会的責任を放棄しているように感じられるかもしれない。でも、不穏な情報や吐き気のするプロパガンダを強迫的に浴び続けるのも、良いことだとは、とても思えない。

米国心理学会の調査によると、米国民の95％が「最新ニュースを摂取しようと心がけている」と回答しているが、56％は「ニュースを追うのが大きなストレスになっている」とも答えている。[9]

情報や知識に対する私たちの姿勢には、明らかに「怠惰のウソ」が浸透している。いくら博識で理解ある人間でありたいと頑張っていても、また、たとえ強い責任感から情報を遮断せずにいたとしても、問題の本質は明白だ。

情報はあまりに多すぎて、そのせいで私たちは被害を受けている。

情報過多が健康に与える影響

2016年の大統領選の後、ノアと私は政治について悶々とした長いメールのやり取りをするようになった。戦慄するようなニュースが次々に襲ってきて、2人とも、物理的にやられていた。とても見られたものではなかった。

「怖すぎてクソが漏れる」、ベッツィー・デボスが教育長官に任命されたとき、私はメールでこう書いた。「キツすぎ。ストレス性の下痢が止まらん」

「こっちもストレスで腹が下りっぱなし」、ノアはトランプの旅行禁止令発令を受けて返信してきた。「絶望しっぱなし」

メールをやり取りしながら、ノアも私も、こんなにニュースを読みすぎるのはよくないと気づいていた。でも当時の状況からして、テレビやPCの電源は切れなかった。とても目をそらせなかった。私の神経はずっと張りつめていて、精神的に大きなダメージを受けていたのだが、ニュースを浴び続けることが倫理的に正しく、自分に必要なことだと思い込んでいた。持ち授業の合間に、ニュースや活動家のウェブサイトを開き、地元の上院議員に電話をかけ、次々に起こるひどい出来事のすべてに警鐘を鳴らそうと、必死でSNSの投稿を続けた。

もちろん、こうなったのは私だけではない。米国心理学会によれば、この時期、米国民の3分の2が、「この国の未来が最大のストレス源だ」と回答している。[10]これは史上最高値だった。個人の経済状態や就労よりも、国家のありようにストレスを感じる人が多かったのだ。

新型コロナウイルスが蔓延した2020年には、世界中の人びとがロックダウンで家にこもり、不安に煽られて、より神経質にニュースを読むようになった。感染者数が爆発的に増加し、地方自治体や政府が対応に奔走する中、最新情報を求めてネットにつながるのは単なる選択肢ではなく、自分のリスクを知るため、あるいは外出許可が出ているかを知るために不可欠だった。情報の摂取が市民の義務となり、同時に人びとを苦しめた。

LGBTQ+など社会的マイノリティのクライアントの多い「キュリオシティ・カウンセリング」の心理士、シャロン・グラスバーンに話を聞いたところ、ニュースの摂取量をうまく制限できず苦しんでいるクライアントがたくさんいるのだという。彼らにとって、ニュースで伝えられる政治的な混乱は自分の身に迫りかねない脅威であり、簡単に遮断できるものではない。

「そうなって当然だと思う」と彼女は言う。

「政治情勢は切迫しているし、トラウマになるような出来事だらけ。自分でコントロールできないことにとらわれてしまうのも至極当然だと、心理士として私は言っておきたい」

人種的マイノリティや性暴力のサバイバー、LGBTQ+、移民などの属性を持つ人びとは、もう何年も不安なニュースに苦しめられっぱなしだろう。それぞれのニュースの恐ろしい帰結は確実に自分の人生に影響するから、ニュースを断つこともできない。自分の力が及ばない事象だが、無視もできない状況だ。けれど、自分でコントロールできない事象にとらわれていると、自分の人生が無力感で覆われてしまう、とシャロンは警告する。とても不健全な状態なのだ。

「私は、クライアントが自分でコントロールできない構造的な問題の最中にある事実は認めつつ、バランスを取って、自分で変えられる要素に目を向けるようサポートしているの。自分で変えられない大きな不公正ばかりに目を向けていると、人は無力になってしまうから」

実際、主体性が奪われることは、情報過多の弊害の一つだ。動揺するようなニュースの見すぎはメンタルヘルスに有害で、人びとの無力感や脆弱性を高める、と専門家は数十年にわたって指摘してきた[11]。

1970〜1980年代に活躍したコミュニケーション研究者のグレース・レヴィンは、テレビのニュースではネガティブな事件や事故が、制御や回避の不可能なものとして描写されているのに着目し、その頻度を記録し始めた。複数の研究から、ニュース報道の70%超では、犯罪や自然災害、不慮の死などについて、「無力さ」が強調され、犠牲は避けられないとされていることが判明した[12]。

たしかに、個人にはどうしようもなく、未然に防げない事件や事故が多いのは事実だが、世界をコントロール不能な脅威だと描写するのは、心理学的にも社会的にも問題が大きい。

1990年代から2000年代にかけて、24時間放送のニュースチャンネルやネットのニュースサイトが普及した。それまでは夕食後に一日1時間程度見ていたニュースが、常に接するものに変わった。この時期、犯罪や災害への恐怖心が急激に高まり、それが人びとのニュースを視聴する習慣と直接結びついていた。[13]

研究によると、**一般的に、ニュースを見たり読んだりする量が多い人ほど恐怖を感じ、実際の地域社会の安全性や治安の良し悪しに関係なく、身の回りを危険だと認識していた。**[14] 極端なものでいうと、犯罪への恐怖と実際の犯罪率との関連はゼロだったという調査結果もある。全米で殺人事件の発生率は下がっていたのに、米国民の大半は殺人が急増していると思い込んでいたのだ。

さらに悪いことには、この恐怖は人びとの行動を変える。ニュースをよく見ていると、「回避的」な行動を取りがちになる。家にいる時間が増え、人付き合いをあまりせず、新たな挑戦をしたり知らない場所に行ったりする時間が減少する。

一般的に、社会的孤立は人間的な成長や成熟への悪影響が大きい。ニュースを頻繁に見ると、視聴者の人種的偏見が強まると示す研究もあるのだ。[15]

「知識は力なり」という格言があるが、脅威的で恐ろしいニュースについては真逆であると研究は示している。恐ろしい情報は、人びとが自分たちで何とかやれるという感覚を失わせるため、自暴自棄になったり他者のケアをしなくなってしまう。公衆衛生分野の研究によると、ニュースが健康関連の情報を悲観的なトーンで報道すると、人びとが疾病予防の対策を講じる可能性が低くなる。[16]

たとえば、がん罹患率の増加を警告するニュース報道によって、がんの発見を恐れるために検診の受診者が減る、という逆効果が生じる。[17] 環境問題に関するニュースが悲観的なものばかりであれば、人びとはこれは宿命だと諦観して、環境破壊と闘うために自分にできる小さなアクションへの関心も薄れてしまう。[18]

「怠惰のウソ」は、人びとに極端な二元的思考を強いる。状況にかかわらずひたすら頑張るか、そうでなければ絶望的に怠惰かの二択を迫るのだ。問題に対して、個人主義と強い意志によって自力で解決できるか、あるいは解決できず挑戦自体が無意味であるかの二択になる。

このような思考パターンにはまると、自分が関心を持った問題には全力で打ち込まなければ、と強迫的に考えるようになる。そして、問題解決のための必死の努力が続けられなくなると、「怠惰のウソ」は、もう諦めてしまえと言うのだ。

ある問題について気に病むことは、実質的な問題解決とは関係ない。気忙しくしているとやってる感はあるため、自分では生産的に思えるかもしれないが、実際には、真の闘いに挑むエネルギーが奪われているのだ。

情報過多は、認知能力にも悪影響をもたらす。大量の情報を浴びると集中力が低下するという研究もある。情報が記憶にほとんど残らないのだ[19]。テレビ番組を見ながらスマートフォンをいじっていて、気が散ってシーンや筋書きを完全に見逃した覚えのある人なら、わかるだろう。**逆説的だが、知識を頭に詰め込もうとしすぎると、かえって理解力や記憶力はダメになる**[20]。

同様に、情報過多は意思決定能力にもダメージを与えている[21]。情報を活用するためには、その情報を熟考し、噛み砕いて、既知の事実と矛盾しないか確認する時間が必要だ。だが、情報過多の状態では落ち着いて熟考ができないために、判断ミスや間違いにつながる。

フィッシング詐欺のようなオンライン詐欺は、ネットの情報に被害者が慌ててしまい精神的に脆くなった状況を利用するものだ。フィッシング詐欺では、注意力が散漫になっている被害者に、何も考えさせないまま上司や銀行担当者になりすました宛先にログイン情報を送らせる[22]。詐欺師は、サイトがハッキングされた、口座情報が流出したなど、被害者をパニックに陥れるようなメッセージを送信し、大至急パスワードをメールするよう命じる。

調査によると、情報負荷が高くて気が散っていると、誰かがウソをついていても気づきにくくなり、情報の質や信頼性を判断できなくなる[23]。皮肉にも、いつも大量の情報を消費している方が、「フェイクニュース」に引っかかるリスクは高まるのだ。

ピュー・リサーチ・センターによると、米国人の20％が、ネット上の情報が多すぎるために不安やストレスを感じている。[24] とはいえ、77％は「多くの情報にアクセスできたほうがよい」と回答している。これは、スマートフォン（とネットへのアクセス）により人びとは力を得たと感じる調査結果（201ページ参照）を思い起こせば、当然ではある。

大半の人は、できるだけ多くを学び、ネットから刺激や力を得て活用したいと考えるものだ。だが、情報を有意義に活用するためには、摂取量の制限も必要だ。

情報を制限する

不適切な情報との接触によって、トラウマ反応が引き起こされる場合もある。

ソーシャルワーカーや心理士、暴行被害者のパートナーや家族の多くが「二次受傷」（二次的外傷性ストレス）に苦しんでいる。これは、他者が受けた虐待や暴力の被害を聞いたことで起こるストレス反応だ。[25]

トラウマに苦しむのは、直接の暴力に晒された被害者だけではない。ひどいことだが、ネットにはこうした二次受傷のリスクが溢れている。銃乱射事件の動画、災害犠牲者へのインタビュー、疾病による壮絶な死者数のグラフなどだ。こうした問題の存在を知るのは大切だけれど、むごたらしい画像や数字に晒されていると心的外傷を負うリスクは高まる。

第3章で紹介した性教育活動家のニミシールは、Twitter（現X）のタイムラインから「レイプ」や「性的暴行」といった単語をミュートして、そうした投稿を見ないようにしていると話してくれた。レイプカルチャーの問題や性的同意について人びとを教育するのはニミシールの重要な仕事ではあるが、ネットに無知蒙昧な投稿をする人と論争し続けるのは時間の無駄だと彼女は知っている。

「不穏なメッセージから離れるのも大事。全部は見られないし、すべてと闘うのも無理。私は本業の啓発活動をちゃんとできているんだから、それでいいの」

ニミシールは重要なことに気づいている。ネット上の全投稿を読み、下劣な性差別主義者全員と闘うのは彼女の仕事ではないのだ。自分のトラウマについて投稿しているすべてのＤＶ被害者と話すのも、彼女の仕事ではない。

世界は広く、どこを見ても恐ろしく理不尽な出来事は起きている。そのすべてに関わるのは不可能だし、関わろうと努力しない自分を「怠惰」だと責める必要はない。現状でも十分頑張っていると、自分自身を褒めるべきなのだ。

今のネットとSNSは、ユーザーがすぐに興奮と恐怖に襲われるようにできている。こうした情報過多を克服するには、情報へのアクセス制限を設定するしかない。このステップを始めるにあたっては、自分が世界の残酷さに耳を塞いでそれを無視しているように感じるかもしれない。でも、思い出してほしい。そもそも責められるべき「怠惰」など存在しないのだ。自分の限界を知れば、自分を支え、守れるようになる。それによって、本当に大切なことに意識を向けられるようになる。

自分が本当に関心を持っているテーマに集中し、自分に害を及ぼす可能性があるものから適切に離れることができれば、より健康的に、効果的な活動ができるはずだ。

情報過多に困っていて、情報量の絞り方を知りたいなら、まずは、次のいくつかを試してほしい。

フィルタリングとミュート機能を使う

ほぼすべてのSNSアプリにはミュート機能がある。Twitter(現X)であれば、自分で選んだ言葉やフレーズを含む投稿を非表示にできるし、個別のアカウントもミュート可能だ。Facebookでは、単語やフレーズのミュートに加えて、気分を害する内容や刺激的なコンテンツの投稿をした人を「フォロー解除」すればいい。

ＳＮＳでは、私はＬＧＢＴＱ＋を中傷する特定の語彙をミュートしているし、トランスジェンダー差別の発言で炎上を繰り返す偏狭な右翼の名前はブロックしている。私自身はトランスジェンダーに対する偏見と闘ってきたし、単に知識不足なだけで悪意のない人たちを啓発する活動も積極的にしてきた。私の存在自体を否定するような人と、わざわざネット上で論戦する必要などないはずだ。

ミュート機能がないサイトでも、次のようなアプリをダウンロードして使えば、同様の機能が果たせる。たとえば、Sadblockというアプリは、性暴力など、トラウマのトリガーになりうる不穏な話題のニュース記事をフィルタリングして非表示にできる。[26] 特定の領域を対象としたものでなければ、CustomBlockerなどのアプリを使えば、自分が避けたいコンテンツを非表示にする設定ができる。太っているのを恥ずかしいことだとするファットシェイミングな減量用品の広告や、ドナルド・トランプに関する記事なども非表示にできる。[27]

これらのツールではオンとオフの切り替えも簡単なので、該当のトピックについて一日1回、最新情報をさっとチェックして、あとは非表示にすることもできる。

ブロックする（そして気にしない）

情報によるストレスは、特定の言葉やフレーズではなく、特定の個人に起因する場合もある。ノアがあまりにも大量のニュース記事を投稿するので、私はしばらくの間彼を「フォロー解除」するしかなかった。ネットでの論争が多い友人のアカウントもブロックした。ほとんどの論点で賛同している人も含めてだ。たとえ「正しい」ことのための論戦でも、衝突し、怒りをまき散らすのをずっと見せられていては心的負担になる。

私が話を聞いた心理士の一人、ルイーズ・ディミセリ＝ミトランは、クライアントが情報摂取の境界線を引くサポートをよく行っている。彼女は、ネット上でよく喧嘩をする人や、苦痛なものを大量にシェアする人はブロックするよう勧めており、これを自身の生活にも適用している。

「ＳＮＳをチェックして、いろいろと削除や退会をしたのよ」とルイーズは言った。「私のFacebookでは、他の音楽療法士から情報を得る以外のことはしないと決めたの。ＳＮＳを使っていれば、『ここは自分の場所。だから自分できれいにする』と宣言するしかない状況はあるわよ」

友人や知人をブロックするのは、実生活で無視するのと同等の「無礼」ではないかと心配する人もよくいる。だが、SNSではフォローしている相手の考えや投稿に一日中晒されて、プライベートの時間や休息中も例外ではなくなってしまう。真夜中に政治について大声でわめく同僚を家に入れる義務はないだろう。四六時中、胸が塞がるような暴言やネット上の喧嘩、戦争や病気、環境破壊の映像に晒される社会的義務はないのだ。

見出しをさっと見て次へ

ルイーズ・ディミセリ＝ミトランは、ニュースを表面的にざっと読み飛ばすのも良い方法だと勧める。すべてのニュースについて、話の順を追ってあらゆる事実を吸収するのではなく、ニュースは毎日ざっと見るだけにして、何が起こっているのか大まかに摑むようアドバイスしている。こうして情報をざっくり把握できたら、ニュースを離れて、自分の生活に集中しよう。

「見出しを読むだけでいいの」と、ルイーズは言う。

「自分にとって本当に重要なトピックがなければ、それで終了よ。『よし、何が起こっているのかはわかった。さあ、自分の仕事をしよう』でいいの」

もちろん、誰にも特別に気になるトピックはある。たとえば私はTwitter（現X）で反トランスジェンダーの差別主義者をブロックしているけれど、トランスの権利や安全に関する問題についてはちゃんと知っておきたい。こうした場合について、ルイーズは「深く掘り下げる」のはせいぜい2~3のトピックまでに留めるよう勧めている。

「本当に心に響くこと——たとえば、気候変動かもしれないし、DV問題かもしれない——、自分にとって本当に重要な問題があるなら、本当に心に響く1つか2つに絞って取り組むのがいいと思う」

このアドバイスに従えば、情報の摂取量が減らせる。また、ひどいニュースのせいで無力感を覚えるという問題も解決できる。ほんの一握りの問題だけに自分のエネルギーと関心を絞って、現実の世界で問題解決に向けたアクションを積極的に実行していけば、もう無理だと思い詰める回数も減るだろう。自分でコミットした社会運動で実際にできることに注力していれば、世界はいつもゴミみたいで炎上しっぱなしだと感じなくて済む。

コメント欄文化に取り込まれない

コメント欄は大人気だ。多くの人の関心を集め、頻繁にクリックされている。エンゲージング・ニュース・プロジェクトの調査では、米国民の53・3%がしばしばネットニュースにコメントを書き、他人のコメントを読んでいる。[28] だが、その人気とは裏腹に、コメント欄をストレスのたまる不快な空間だと感じている人は多い。

コメント欄が存在するのは、サイトの来訪数や頻度を増やすためだ[29]。ニュース記事にコメント欄がなければ、一度記事を読みに来て終わりだが、記事の下にコメント欄を設置すると、同じ人が何十回もそのページを訪れ、新着コメントをチェックして返信する。何時間も費やしてネット上でバトルを繰り広げる場合もあるだろう。新しいコメントを書こうと記事に戻るたびに、ページビューは増える。ページビューが増えれば、広告収入も増える。

そうした理由で、多くのサイトは、見出しで「釣り」を仕掛けて論争を煽り、怒りに任せたコメントを大量に集め、何時間も論争をさせる手法で既得権益を守っている。

コメントを書く人は自分の感情を表現したいのであって、他者から学ぶ気もなければ説得されるつもりもない、と調査は示している[30]。ノアや私のような人はよく無意味なネット論争に嵌まっているが、結果として自分たちが新しいことを学べる機会はほぼないし、知りたいと思ってくれている人に自分の意見が届くのも滅多にない。コメント欄は私たちの感情を操作するよう設計されているのだ。

だから、コメント欄を見るのはやめて、異なる意見を持つ人とは1対1で個別の会話をするようにしよう。本当に伝えたいメッセージがあるならば、記事を書いたり、自分のアカウントに投稿したりすればいい。他人を煽りたいだけの人たちは気にしないことだ。

それが難しい場合には、Shut Up:Comment Blockerなどのアプリを使えば、ほとんどのサイトのコメント欄を非表示にできる[31]。

就寝前にはニュースを読まない

ニュースの見すぎ（特にトラウマになるような事件や事故の報道）と不安症状には関連があるとされている。[32] これはネットニュースについても当てはまり、頻繁に恐ろしいニュースを目にすると、恐怖心が強まり、近隣の治安について歪んだ認識を持つようになる。[33]

こうした知見を受けて、医学博士のアンドルー・ワイルなど健康の専門家は、定期的に「ニュース断食」を行うよう勧めている。[34]

ワイル博士の勧めるニュース断食は数日から1週間ほど続ける必要があり、その間は、今の現実と身の回りの事象だけに集中すべきだとされている。

ルイーズ・ディミセリ＝ミトランが推奨しているニュース断食は、もう少し緩やかなので、いくらか試しやすいはずだ。「寝る前はニュースを読まない」というだけだ。どれほど社会問題に気を揉んでいても、ベッドで横になっている間は、解決に有効なアクションはできない。「世界中で起きているひどい問題の詳細をいつも追いかけているのは、健全な状態じゃないと思う」とルイーズは言う。

「しかも最近はそれが本当に痛ましい内容になった。もちろん、いつだってひどい状況はあったのだろうけど、今みたいに簡単に情報にアクセスできなかったものね」

ニュース断食という発想は、フレッド・ブライアントの幸福度を下げる条件の研究（185ページ参照）とリンクしている。起こるかもわからない最悪のシナリオをいつも考えて怯えて生きていると、現在の生活を満喫できないのは火を見るより明らかだ。今この瞬間をしっかり生きて、自分にとって本当に役に立つ情報に集中し、自分が役に立てるローカルな課題に取り組んだほうがずっと健全だろう。

情報量を減らして吟味する

脳は、新しい事実や考えに遭遇したときまずそれを浅いレベルで理解しようとする。[35] 私の専門領域の社会心理学では、「何かを理解するための第一歩は、それが真実だと思い込むことだ」とよく言われる。つまり、新しい情報に初めて触れたとき、人はその情報を無批判に受け入れがちであり、その結果、騙されやすくなる。新しい知識を深く理解するためには、時間をかけて熟考するしかない。

じっくりと時間をかけて情報を熟考すれば、既存の意見を見直したり、誰かの主張の穴を発見したり、見慣れたアイデアをまったく新しい視点で見たりできるようになる。これは研究者が「推敲」と呼んでいるプロセスだ。[36] 新たな情報を推敲するには、エネルギーと集中力がたっぷり必要だ。気が散っていたり、疲れていたり、情報過多で参っている場合には、人は新しいことをしっかり吟味できない。[37]

よりゆっくりと思索的なアプローチをすれば、深く批判的に物事を考えられるようになり、不安の軽減にもつながる。私の授業でも、一度に多くの情報を暗記させようとすると、学生の理解度は低くなった。逆に、授業のペースを緩めて、情報を吟味して議論し、批判もできるよう十分な時間をかけたほうが、学生たちの記憶に残り、自分ごととしての理解が進む。どれだけ自分を追い込んで必死で勉強するかではなく、努力の方向性と質が重要なのだ。情報量に頼らず、少ない情報をより生かせる情報摂取のテクニックをいくつか紹介しておこう。

アクティブ・リーディングをする

アクティブ・リーディングとは、半狂乱で画面をスクロールするのとは正反対の読書のあり方だ。できる限り早く大量の情報を取り込もうとするのではなく、あえて文章を細かく区切ってゆっくり読んでいく。こうした読み方のほうが、内容をよく理解できて有意義だ。私は学生にアクティブ・リーディングを勧めていて、特に学業から長く離れて戻ってきた社会人学生には強く推奨しているが、これは本当に誰にでも役立つ貴重なテクニックだ。アクティブ・リーディングでは、次の6つの技術を使う。[38]

1 **内容を視覚化しよう**。段落を読み終えたら、ゆったり構えて、今読んだ内容を頭の中で描いてみよう。複雑なテーマや科学的な話題であれば、視覚的に理解するための動画や図表を探してみよう。自分で図を描いてみるのもよい。

2 **わからない箇所をはっきりさせよう**。意味がわかりづらい箇所はゆっくり再読してみよう。知らない単語や用語はメモしておき、ページを終えるごとに少し時間を取って定義を調べるといいだろう。

3 **著者の前提や視点を疑ってみよう**。例が挙げられている場合、なぜ著者がその例を選択したのか推測してみよう。あるいは、著者の情報源をチェックして信頼できそうか考えてみよう。この文章において著者は何を目指しているのだろうか。

4 **次に何が来るか予測してみよう**。各章が終わるごとに、次に述べられるであろう内容を予測して、メモしておこう。解決されずに残った疑問はないだろうか。著者がどこへ向かおうとしているのか予想してみよう。

5 **自分の知っていることと関連づけてみよう**。その文章が、自分の既存の知識や信念と矛盾していないか検討しよう。また、他のテーマやトピックとの関連性がないか考えてみよう。あるいは、自分以外に誰がこの文章に関心を持つだろうか。考えてみよう。

6 文章の質を評価しよう。文章は説得力があっただろうか。わかりやすさはどうだろう。事実を公正に伝えていただろうか。たとえ著者の結論には同意できなくても、論拠には納得できるだろうか。

ネット上の絶え間ない情報の流れに気を取られていると、悪い読み癖が簡単についてしまう。私だって、よく吟味せずに大量の記事をざっと読んで、表面的な情報を頭に詰め込みたくなる。もしも私のように情報過多でうまく処理ができなくなった場合には、アクティブ・リーディングのスキルを使って、１つの情報をわざとゆっくり処理するようにお勧めする。

（リアルに会って）会話をする

ネット上ではいくらでも他人と議論ができ、それで誤解されるリスクも無限にある。ネットで論争をしすぎていると、意見の異なる相手と心を開いて会話する意欲が低下する。これは、会話の展開を悲観的に予想するようになるためだ[39]。

ある実験によると、意見の異なる２人が直接、個人的に話し合うと、オンラインのコメント欄などで会話するよりもはるかに大きな満足感が得られるそうだ。テキストではなく直接話す相手には、より親しみを感じ、個人的な話をする可能性も高まる。[40] リアルな会話の温かさや、感情の機微が感じられれば、意見の相違があっても、合意できる点を見出しやすく、お互いに尊重する気持ちや友情を育むことができる。

この効果を、サムは先日、テキストメッセージで大喧嘩した妹と実際に会って、身をもって知った。サムと妹はテキストメッセージでよく口論をしている。

「クリスマスに会いたいねってテキストを送っても、妹は嫌味か皮肉だと受け取るし、笑顔の絵文字を添えても、バカにされたと思うはずだよ。わかってるのに、また同じことをしちゃうんだよね。こっちも、ちょっとしたメッセージにいちいち腹が立つし」

傷つき、憤って、二人の関係には緊張感が漂っていたが、ひとたび妹と顔を合わせると、サムはむしろ安心したのだと言う。

「実際に妹を目の前にして、一緒に過ごしてみると、頭の中で作り上げたひどい妹のイメージは崩れていったんだよね」とサムは言う。

「実際の妹は、失礼なことを言ったら、それを謝るし、何か気まずいときには笑う。すごく愛らしい感じでね。何マイルも離れたところからテキストメッセージだけしていたなら口喧嘩を蒸し返していたと思うけど、実際に会ったら怒ったままではいられないよ」

オンライン上では対立していても現実世界で会ってみれば、緊張はほぐれ、誤解も解ける。

直接会えない場合でも、テキストのような「冷たい」メディアをやめて、ビデオ会議のような「温かい」メディアに切り替えてみよう。過去、私はこれで、パニックに陥った生徒や喧嘩している同僚を落ち着かせられた。

サムと妹のように、たいていの人は、相手の顔が見えたり声が聞こえたりする状態では怒りを持続できないものだ。

もちろん、このアドバイスは万能ではない。オンライン論争の相手が、たとえば、ネオナチや、男尊女卑の性差別主義者など、極端な差別心や偏狭な思想を持つ人物であれば、面と向かって話しても事態が改善するとは思えない。理性的に和平を模索できない（あるいは、すべきではない）意見の相違もある。

けれど、意見の相違が生死に関わるような問題ではなく、双方がお互いを理解したいと思っている場合には、直接（オンラインでもリアルタイムで）話すのは、対立の緩和にとても役立つ。

知らなくても平気になる

情報を過剰消費したくなる衝動に打ち勝つための最強の方法は、すべてを知らなくても平気になることだ。

「怠惰のウソ」に毒された世界では、常に自分を向上させなければ、というプレッシャーが非常に強い。多くの人は、起きている時間はすべて、仕事や目標達成、新たなスキルの習得などに充てたいと望んでいる。生産性を高め、自分を向上させようと努力すればそれだけ社会に価値を提供できるはず、というわけだ。でも、私たちの心には充電する時間が必要だし、生産性を気にしない時間を作れば、私たちの生活はより鮮やかで楽しいものになる。

何より、すべての話題に精通していようとするのは傲慢だし非現実的だ。自分の限界を知って謙虚になるほうが、ずっと健全なアプローチだろう。

ネット上では常に自分の意見をシェアするよう求められる。Twitter（現X）、Facebook、Instagramはすべて、近況や考えを共有するようそそのかしてくる。ほとんどのサイトにはコメント欄があり、意見を書いて共有するよう求められる。この「コメント文化」は私たちに、聞くよりも話せ、見出しを見ただけでも意見を持て、専門知識がなくてもとりあえず会話に割り込め、と説いてきた。[41]

だが、この世のありとあらゆる問題に口を出す必要などない。ゆっくり読み、考えてから発言してもいいはずだ。見てきた通り、反射的なコメントをやめて、オープンマインドなアプローチを取ればストレスは軽減できる。また、より良い市民、責任ある情報消費者になれる。

たしかに知識は私たちに力を与えてくれるけれど、それはこちらが責任を持ってじっくりと知識を使った場合の話だ。

「自分ができること」にフォーカスする

２０２０年1月、私はノアとメールで、気候変動を阻止するために個人に何ができるかを議論していた。ノアは、友人や同僚が環境保護のために生活をほとんど変えようとしないと憤っていた。

「左派の進歩的な人たちの集まるスペースで、『環境問題で個人の選択の話なんて、もう手遅れでどうしようもない』という意見をやたらと見かけてイライラしてるんだよ。間に合わないからって、何か他にできることがないか考える責任まで免除されるだなんて、あり得ないよ」

私はノアに「気候変動との闘いで、気落ちして無力感を感じている人の気持ちはわかる」と伝えた。個人がエコ・フレンドリーな選択をするのは大変で、時間もお金もかかるのに、私が一生かけて環境に優しい行動をしたところで、たった一人の億万長者が一日にやる環境破壊行動のせいで無駄になるかもしれない。しかも、気候変動に関するニュースは、もう手遅れかのようなトーンで報じられる。この状況では戦意を喪失するのも無理はないよね、と。

「そうだね、個人の選択では解決できない問題だ」とノアは返した。「でもさ、どうして気候問題だけは、解決のためのアクションをわざわざ邪魔するんだろう。それが気になるんだよ」

ノアと私はしばらく、この話題で行きつ戻りつの議論をした。

ノアは、社会がもっと人びとを教育して、環境に良い健全な行動をするように促すべきだと主張した。私は、人びとに行動を変える気を起こさせるのはおそらく不可能だと言い張った。ニュースでは気候変動が制御不能の迫り来る恐怖として抽象的に描かれているからだ。

議論が少し荒れてきたので、私たちはメールのやり取りをやめた。以降、その話題は出さなかったが、正しいのは自分のほうだと私は思っていた。


その後、新型コロナウイルス感染症が米国を襲った。周りの人たちがすぐに利他的な行動を取り始めたのを見て、私は驚いた。

友人や隣人たちは、法規制が出るよりずっと前から外出自粛を始めた。地元の劇場やバーは人が集まらないよう営業を中止した。レストランは、高齢者や失業した人びとに無料の食事提供を始めた。ソーシャル・ディスタンスを拒む人びとに対して、愛情を持ちながら毅然とした態度でプレッシャーをかけた。こうして数日のうちに、幅広いアクションが広がり、国や地方自治体が公的に隔離を命じる前から行動変容の効果が出ていた。

当初、新型コロナウイルス感染症は気候変動と同様に、何やら抽象的な恐怖として現れた。このウイルスは考えるだけでも恐ろしく、深刻な被害が避けられないとわかっているのも気候変動に似ていた。今後どのような被害が生じるか、何十種類も悲惨な予測がニュースで報じられるのも、気候変動とよく似ていた。

けれど、気候変動については長年、行動をほとんど変えなかった人びとが、新型コロナウイルス感染症に対しては責任感のある利他的な選択をすぐに始めた。これはなぜだろう。

新型コロナウイルス感染症と気候変動の違いは、人びとが**「自分には意味のある選択をする力がある」**と感じられたか否かの違いだと私は考える。

ウイルスが拡散して恐怖は高まったが、同時に、被害を最小限に食い止めるためにどんな手段を取ればいいかの知識も拡散した。イタリアでの惨状など最悪のシナリオの報道で恐怖は広まったが、一方で韓国や台湾などの対策事例も報道され、行動様式を変える強い動機になった。パンデミック対策に市民が真剣に取り組んだ国では何千、何万もの命が救われていた。私たちは破滅のメッセージだけでなく、希望も手にしていたのだ。

新型コロナ関連の悲惨なニュースが押し寄せて誰もが恐怖を覚えた一方で、対策のアドバイスをどこに求めればいいのかを私たちは理解していた。

やるべきことは明確で実行可能な内容で、自分以外の人もそれを実践しているのも知っていた。ステイホーム、マスクの着用、近所の高齢者に食料を届ける、1・8メートル離れる。ニュースメディアは悲観的な予測だけでなく、こうしたアドバイスも拡散した。

視聴者に不安を与えて動けなくするはずのニュースが、行動を呼びかけたのだ。視聴者の大部分がその呼びかけに前向きに応じ、この大規模な災禍の中でも自分にできることがあるという事実は心の慰めになった。

パンデミックが始まって2週間後、私はノアにメールを送り、気候変動との闘いは無理だという発言を撤回した。

「個人が協力して変化を起こすことは可能なんだね」と私は書いた。

「自分の選択には意味があるし、他の人も同じ選択をしている、と確信できるようになればいいんだ」

情報には、人を前向きにし、やる気を起こさせる力がある。知識の拡散を通じて偏見やパニックを生むのではなく、批判的思考や慎重な意思決定を促すこともできる。ネット上の質の低い情報は気になるけれど、そのような情報に流されないよう、私たちは情報を拒絶してよいし、それは可能なのだ。

自分が消費する情報量や種類に制限をかけるのは「怠惰」ではない。むしろ、市民としての大切な責務なのだ。

第6章

疲れる人間関係はそのままにしない

他人の期待を背負いすぎること

グレースは、母親のシルヴィアの過干渉にうんざりして、しょっちゅう愚痴をこぼしている。母シルヴィアは、娘の自信を挫（くじ）いて不安にさせる名人だ。今までずっとグレースに否定的なことばかり言ってきた。

市民オーケストラで第二バイオリンを担当できることになって喜んでいたグレースに、「いつ主席奏者になれるの？」と言った。頼まれてもない小包を大量に送ってくる。グレースの要らないものばかりだ。すぐに連絡して感謝を伝えないとシルヴィアは怒り出す。

娘から良い母親だと常に褒められたいシルヴィアに対して、グレースはどうしても母親を認められない。

「お母さんは何かあると、すぐ電話してくる」とグレースは言う。

「いい母親だって褒められたくて、私に何をしてあげたかの話ばかりするの。家族をディズニーランドに連れていったとか。それで、『あの時は楽しかったよね、私はいい母親よね』と言うの。私が機嫌取りをしないと、急に機嫌が悪くなったり、ひどいことを言い出すわけ」

シルヴィアはとても厄介な人ではあるが、悪人ではない。

腫瘍科の看護師として、患者とその家族からは敬愛されている。グレースのバイオリン演奏会があれば、自分のスケジュールを空けて飛行機でシカゴまで観にきてくれる。周囲から見れば、シルヴィアは、才能ある娘を自慢に思っている温かい母親だ。優しく献身的に映る。けれどグレースは、母親と接するたび気力を吸い尽くされたように感じている。

ついに最悪な状況が訪れたのは、昨夏、グレースが新しい仕事を始めたときだ。出社初日の朝、母親は13歳の妹を連れて、予告もなく家の前に立っていた。「サプライズ」をしに来たのだと言う。大きな荷物を抱えていた。

「2人の前で吐きそうだったよ」とグレースは言った。

「いきなり母親が玄関にいて、妹と何日も泊まるつもりでいるわけ。こっちは何も聞いてないのに。それで、私の反応が思っていたのと違って、サプライズがウケなかったと気づくと、悪態をつき始めるのよ」

グレースは母親と妹をアパートに入れて、取り繕って笑顔を装ったが、すでに手遅れだった。仕事に間に合うかな、予告なく客がいるのをルームメイトは嫌がらないかな、というグレースの不安はシルヴィアに伝わっていた。このサプライズを娘は喜んで感謝するはずだったのに、期待外れの結果に終わり、それでシルヴィアはひどく不機嫌になった。

「うちにいる間じゅう、母親はソファでぶつぶつ言っていた。こっちは夕飯を一緒に食べようと誘ったり、妹を美術館に連れていったり、無理してランチ休憩中に2人に会ったりもしたけど、向こうはお構いなし。お母さんは私が恩知らずだと決めつけて、滞在中ずっと機嫌が悪かった。それから3カ月くらい、私は謝りっぱなし」

この話をしている間にも、グレースに母親からのテキストメッセージが届いた。スマートフォンの画面を私に見せると、グレースはうんざりした顔でため息をついた。母娘関係が一方的で不健全だと彼女はわかっている。それでも、私との話を中断して、グレースは母親に電話をかけた。歩道を行ったり来たりしながら、グレースは「うん、感謝祭には家に帰るから」と念押しをして母親を安心させている。「本当に楽しみにしてるよ」と言いながら、グレースはとてもつらそうだ。

不均衡でいびつな人間関係に悩んでいる人は多い。相手に無茶な期待をかけられても、断り方がわからないのだ。他人が問題を抱えて困っていると、見ていられず解決してあげようとする。パートナーやルームメイトに強く言えず、家事を全部、引き受けてしまう。自分が十分以上の貢献をしていても、残りをやるよう他の人に頼むのは、怖くてできない。

「怠惰のウソ」は、人との境界線や同意の健全なあり方を蝕む。勤勉に頑張ることこそが「善」であり、愛されるには頑張って権利を獲得しなければならない、と思い込んでいると、他者と

の間に一線を引けなくなる。親密な関係性でもこれは起こる。

職場で業務負荷が偏っていても声を上げられないのと同様に、人付き合いで負担を感じていても断りづらい。自分には境界線を引く権利がないように思えてしまう。


大半の人が、何もせず休みたいという身体の要求を押しのけて毎週、頑張って働いている。感情などは弱さの源だから信用するなと「怠惰のウソ」が言うからだ。

自分の欲求を無視する癖は私生活にも侵食していて、こちらのエネルギーを吸い取る相手に立ち向かうことが難しい。自分の欲求を無視するのがうまくなりすぎて、関係性がおかしくなっていても気づけない。それでいつも、支援されて満ち足りる側にはなれず、相手から搾取され、操作されっぱなしになる。


グレースは大人になってから何年もセラピーを受けてようやく、母親の行動は不適切だと理解した。母親と話した後はいつも、何時間も落ち込むのも自覚した。だが、これまでずっとシルヴィアの娘として生きてきたため、グレースには自分の言葉をつぐんで母親を喜ばせる癖が染みついていた。シルヴィアに態度の問題を指摘するなんて考えられなかった。

「お母さんは私を育てて、大学まで入れてくれたんだし」とグレースは言った。「ゴミを捨てるみたいにはできないよ。愛情があるんだ」

グレースにとって、母親に逆らうことは母親をゴミ扱いするのと同義なのだ。幼少期から他者の要求を優先してきた人は、自分の欲求を持つなんて自分勝手だと誤解していることが多い。心理学者のリンジー・C・ギブソンは、著書『親といるとなぜか苦しい：「親という呪い」から自由になる方法』で、親から寄り添ってもらえず、十分なサポートを受けられなかった子どもは、「偏った人間関係しか自分には相応しくない」と思うようになるという。

精神的な孤独を経験する子どもは、どんなことをしてでも親とのつながりを保とうとする。こうした子どもたちは、関係を築く代償として、自分の気持ちよりもまず相手のニーズを優先することを学ぶことがある。[1]

著書では親子関係に絞っているが、こうした力関係は友人や恋人との間にも生じるとギブソンは述べている。「相手を喜ばせないと愛してもらえない」と思い込み、どんな人間関係でも過剰に要求される側になってしまう。受け取る以上のものを与え続け、本当に大事にされている実感が持てない。

グレースはまさに、この状態だった。４ＬＤＫをルームメイト数名とシェアしているが、共同リビングを掃除するのはグレースだけだ。友人を車で街まで送り、飲食代を出し、夜にはルームメイトたちの愚痴を聞いている。

こうした愛情深い行動そのものは問題ではないが、グレースの場合はそれが一方的なのだ。自分が強迫的にしてあげていることを相手には頼めない。「とても孤独に感じる」とグレースは言った。ギブソンが述べるように、「自分の心の奥底にある欲求を隠していると、他者と真のつながりは作れない」のだ。

人間は相互依存するようにできている。充実した人生には、社会的なつながりが不可欠なのだが、他者に失望されたくないと恐れるあまり、自分を安売りして、幸せを諦めてしまう人は多い。これも、「怠惰のウソ」が「他者に何ができるかで人の価値は決まる」と説き、滅私の精神を要求するせいである。

安心できる本物のつながりを他者と築くには、相手の要求を怯えず断れるようになるしかない。ノーと言っても大丈夫な関係性を作るべきなのだ。これは、過重労働や業務の押し付けを拒絶できるようになるべきなのと同じだ。精神的な負荷が高すぎると、過労と同様に人を壊しかねない。どちらの場合にも、解決するには、自分の心からの欲求を大事にすること、そして「断ったら怠惰に見えるかも」と不安がるのをやめることだ。

要求の多い家族との付き合い方

グレースと同じく、ブライアンも親からのプレッシャーが強く、かなりの時間と気遣いを両親に捧げてきた。

研究所に勤める化学者のブライアンはいつも仕事で忙しいのだが、たまに休みが取れたら必ず実家に帰ってくるものだと両親は思っている。結婚以来、そのことが何年も夫婦のストレスになっていた。妻のステファニーと2人きりの休暇など、何年もご無沙汰だ。ブライアンの両親は、結婚式を今2人が暮らしているセントルイスではなく、ずっと離れた両親の住む州でやれと言うほどだった。ついにステファニーは我慢の限界に達した。

「あなたって私じゃなくて親と結婚したんだっけ、って言われたよ」とブライアンは言った。「それで、僕が親を優先してステファニーをなおざりにしてきたケースを列挙されたわけ」

当初、ブライアンはそれを不当な攻撃だと思っていた。中西部の白人家庭出身のステファニーと、韓国系アメリカ人のブライアンでは、文化的に家族からの期待がまったく違う。最初の頃は、「ブライアンの家族は要求が高すぎる」と不満を言われても、文化の違いを理解してもらえないからだと思っていた。けれど、ステファニーの言い分にも一理あるかもしれないと考えるようになった。

「妥協点は見つけられると思うんだ。僕としては、いつでも両親の役に立ちたいし、その気持ちと愛情を両親にわかっていてほしい。とはいえ僕は一度も親に反抗したことがないし、距離を置いたこともない。さすがに、多少の親離れは必要なんだろうね」

キャシー・ラブリオラはサンフランシスコのベイエリアを拠点にする心理士だ。何十年にもわたって、他者の要求に沿うよう必死で頑張る人たちへのカウンセリングを行ってきた。

「承認依存の人は多いわね」とキャシーは言う。

「女性に多いけど、女性だけの問題じゃない。他人の役に立っている実感が欲しくて、その欲求を満たしてくれる状況を探している人はたくさんいる」

キャシーは1980年代から、クライアントが自己主張する力をつけて、歪んだ関係性を修正できるようサポートをしてきた。

キャシーのアドバイスの大半は、比較的些細なことだ。さりげないテクニックを使って、クライアントは徐々に他者への過剰な入れ込みを軽減していく。劇的な瞬間もないし、カタルシスも得られない。クライアントが、ずっと叱られてきた親や友人についに立ち向かうシーンなどはない。そうではなく、キャシーの勧めるやり方は、以前の無駄なやり方を、より良いものに置き換えることだ。

シャロン・グラスバーンも似たような見方をしていて、クライアントには関係性を少しずつ変えていこうと伝えている。「こじれた関係が一瞬で劇的に解決すると期待されがちだけど」とシャロンは言う。「家族関係に境界線を引くのは、日常の些細なことから始めるの。時間がかかるものよ」

シャロンとキャシーのアドバイスをざっくりまとめると、**「相手の期待に抗う」「相手をがっかりさせてみる」「何度でも断る」の3つになる。**壊れたレコードみたいだと自分で思っても、繰り返しノーと言い続けるしかないのだ。他者からの過剰な要求に対して、自己主張や線引きができるようになるための有効で具体的な方法を次にいくつか紹介する。

自分への期待を相手に明言させる

他人につけ込んでくる人は、口に出して伝えなくても自分の要求は当然かなえられると考えがちだ。こうした関係性にとらわれているクライアントに対して、シャロンは「先回りして動かず、相手に要求を明言させよう」と勧めている。「言外の意を一方的に汲み取る関係は多いの。その場合、相手に要求をはっきり言わせるだけでも大違いよ」

ブライアンのケースでは、両親に要求が行きすぎていると伝える必要もあった。

「連休ごとに帰省しない同僚も多いよって両親に伝えたんだ。それで両親の要望が変わったわけではないけど、僕としては、毎回のように帰省できない理由が説明しやすくはなった。それに、親の期待に応じられなくても、僕自身が理不尽なことはしていないと思えたしね」

友人との関係では、自分に何ができて、相手から何をしてほしいかをはっきりと伝え合う機会はなかなかない。でも、それを口に出せばモヤモヤが解消することも多い、とシャロンは言う。行き詰まったカップル間でも、この方法は有効だ。

「一緒に座って、お互いに何を期待しているかを伝え合うだけで、状況が打開できる場合もあるわ」とシャロンは言う。

もし、相手の期待や要求が大きすぎる、あるいは自分とは折り合わないと感じた場合には、相手への関与の度合いを下げてもいいだろう。

断ることを予告しておく

「状況が変わるのを相手に事前告知しておこう」とキャシー・ラブリオラは勧めている。対立も辞さずに警告せよ、というわけではない。何なら率直に言うのではなく、言い訳を添えて穏やかに伝えたほうがうまくいく場合も多い。

「新しい用事ができたので、今後は前のような対応はできなくなるよ、と家族に伝えるといいわね。これなら、相手への気持ちとは関係なく、以前のようには動けないと事前通告できるでしょ」

多忙を理由にするとうまくいきやすい。仕事が理由なら仕方ない、それは許そう、と理解してくれる人は多いものだ。だから、**あなたの都合や気持ちを尊重せず、ずかずか踏み込んでくる相手には、忙しさをうまく利用して、関わりを減らせばいい。**

この戦術はブライアンにぴったりだった。両親は、ブライアン夫妻の要望を理解する気はないけれど、激務への理解はあった。そこで、ブライアンは仕事をうまく利用した。「親と話す気力がない日には、深夜勤務があるって伝えておく」とブライアンは言う。「親には出張だと言って、ステファニーとキャンプに出かけたこともあるよ。仕事を言い訳に断れば、両親は怒ったり傷ついたりしないからね」

ちょっとした頼みごとを断る

相手を教育し直して、期待値を調整するには時間がかかる。同様に、自分自身を訓練して反射的に「はい」と言わないようになるのにも時間が必要だ。キャシーによると、まずは小さなこと、特に問題にならないような些細な頼みを断るのが効果的らしい。

「小さな依頼にノーと言うところから始めましょう。そのほう簡単だし、影響も小さいから。

たとえば、要求ばかりする人が、『空港まで送っていって』とか、ちょっとした依頼をしてきたら、そのいくつかを断るようにしてみるといい」

このステップは、前述のアドバイスとセットにすると実行しやすい。「やることがたくさんあるから、以前のようには頼みに応じられない」と事前に伝えておけば、頼みを断った相手がイライラしても、動じずに理由を説明できる。時間をかけて、ノーと言える範囲を広げていけばいい。自己主張のいい練習になるだろう。

グレースが母親の過干渉に対抗するには、自己主張の実践練習が必要だった。担当の心理士はグレースに、「週に一度は家族や友人をがっかりさせる練習をしましょう」と提案した。グレースは言われた通りに実行してみた。小さなことから始めたのだが、やってみると、友人のうちグレースの力になってくれる人とそうでない人がはっきりした。

「私がタダで車に乗せてあげたり、自分を犠牲にして相手の世話を焼くのをやめた途端、いなくなった人もいたよ」とグレースは言う。「でも、自分のことは自分でやるようになった人もいた。友人のフィルに、出かけるとき毎回は車を出せないと伝えたら、何でもないように、配車アプリを使って迎えに来るようになった。私が全部お膳立てしなくても、フィルは本心から私と過ごしたいんだってわかったの」

とはいえ、スムーズに変えられない関係性もあった。そうした経験から、グレースは必要に応じて強い自己主張や線引きができるようになっていった。

壊れたレコードになるのを恐れない

相手の要求に一線を引くと、相手は押し戻そうとするだろう。ここで踏ん張るには、何度でもノーと言い、いつもの理由を繰り返し伝えなければならない。

「壊れたレコード戦法って呼んでるの」とキャシーは言う。

「同じことを何度も繰り返し言い続けなくちゃいけないからね。そうしているうちにようやく、相手にもそのメッセージが伝わる。時間はかかるわよ。これまで長年やってきた接し方を変えたら相手がすぐに受け入れてくれるとは思わないほうがいい」

キャシー自身、妹との関係でこのプロセスを経験している。キャシーが甘やかして世話を焼いてくれるのをあてにしていた妹との関係性を変えようとしたのだ。何十年も妹のサポートに走り回ってあらゆる要望に応えてきたキャシーだが、これはやりすぎだな、と気づいた。

「20年ほど前に関係性を変え始めて、本当に何年もかかったわよ。それまで40年は妹の言いなりだったから、それを突然ノーと言っても妹が受け入れるはずはないとはわかってた。お姉ちゃんは何でもしてくれる、と妹は信じていたから。当然よね、ずっとそうだったんだから」

それから20年を経て、妹はキャシーを思い通りに操ろうとしなくなり、かつてのような無茶な要求もなくなった。

キャシーと比べれば、ブライアンの状況はずっと軽度だ。今年から両親にノーと言い始めたブライアンだが、すでに緩やかな進歩を実感している。「『今年のクリスマス、あなたたちの予定は?』って母さんが僕に尋ねたんだ」と、ブライアンは笑顔を見せた。「『実家にはいつ着くの?』とは聞かれなかった。たいしたことない話に思えるだろうけど、すごい変化なんだよ。帰省して当然だと思わず、予定を確認してくれるなんて」

もちろん、これでブライアンの役目が完了したわけではない。両親はいまだに何時間も電話で話したがるし、言いたくないことまで細かく聞き出そうとする。でも、そういうときには壊れたレコード戦法を使う。「ごめん、今忙しいんだ、でも愛してるよ、って繰り返せばいい」とブライアンは言った。

見えない負荷を軽くする

ライリーとトムの結婚生活は、山積みのダンボール箱のせいで崩壊寸前になっていた。「トムは私がやれって言わないと、全然片付けないの」とライリーは言った。「でね、正直、毎回やれって指示するのにうんざりしてるの。それは私の仕事じゃないって」

ライリーは学生の頃からトムと付き合っているが、時を経るうちに、二人はよくある厄介なパターンに陥っていた。ライリーは公立小学校の教師で、トムは科学博物館勤務、フルタイムの共働きカップルだ。仕事が終わるとライリーは家事に時間を取られる。部屋を掃除し、食べ物の空容器を拾い、玄関の泥を掃いて、靴下を洗濯機に投げ込む。一方、トムはソファに倒れ込んで、マインクラフトで遊んでいる。

ある夜、ライリーが遅く帰ると、キッチンのカウンターにダンボール箱が積み上がっていた。Amazonから届いた荷物の箱を、トムは破り開いて、そのまま山積みにしていたのだ。

「トムを試してみようと思ったの」とライリーは言う。「何も言わずにいたら、いつまで箱を置きっぱなしにするのかな、って」

何週間も、ライリーは箱に言及せず、トムは箱に触れもしなかった。さらに配達があると、トムは空き箱をただ積み重ねた。箱にはホコリが積もっていったが、トムはまったく気にしていなかった。1カ月が経過。キッチンコーナーはひどく汚れ、使える状態ではなくなっていた。トムはリビングのコーヒーテーブルで自分の食べ物を調理するようになった。

実験を始めて2カ月半が過ぎた。ライリーが家に帰ると、トムはテレビの前で野菜を切っていた。ブロッコリーがカーペットに飛び散っている。例のダンボール箱の山はキッチンに放置されていた。ライリーはブチ切れた。

「トムを罵倒したよ、ひどいことも言った。それは今でも謝っても謝り切れないくらい。で、例の箱の話をした。あのクソみたいな箱のせいで怒ってんのよ、って。そしたらトムは、『え、それなら言ってくれればよかったのに』だって」

何年もの間、ライリーを人知れず苦しめていたのは、学術用語で**「セカンド・シフト」**と呼ばれる、主に女性が終業後、自宅の片付けや掃除で時間を取られる現象であった。[2] 家事をせよ、家族の予定を管理せよ、山ほどある細かい家事や雑用を片付けよ、という言外のプレッシャーが女性には強くのしかかるが、それに比べて男性はほんの少ししかやっていない。[3] ライリーのように、女性の多くは一日中、家事や家庭のことを気にしているのに、同居の男性は、「やることリスト」が長くなり、手をつけないとまずい状態になっていても、リストの存在にすら気づかない。ついに女性がパートナーの男性に不公平だと問いただすと、よくある返事は、「え、手伝ってって言ってくれればよかったのに」なのだ。[4]

「セカンド・シフト」は恋愛や婚姻以外の関係でも起こる。グレースはアパートの掃除を全部やっていた。ルームメイト（全員がストレートの男性だ）はいくら散らかっていても平気だからだ。

この現象は家の中にとどまらない。職場でも、世話や雑用の多くは女性に任されがちだ。オフィスの冷蔵庫の掃除や、同僚の誕生日ケーキの買い出し、共有カレンダーの会議日程の最新化といった雑務は女性の役割になりがちだ。大学でも、委員会の事務局をやり、イベントのスケジュール調整をし、学業についていけない学生のメンター業務をしているのは、女性教員であることが多い。[5]

男性が同等に雑務をこなさない場合、残った仕事はたいてい女性が片付けている。「怠惰のウソ」を教え込まれ、性差別のある社会で何十年も生きてきた女性にとって、役割を降りる権利は自分にもあり、周りの男性のように自分勝手に振る舞っていい、とはとても考えられないのだ。

マンディはインディアナ州で大学教員をしている。彼女は先日、学部長から「成績優秀」でない学生と研究室で話すのに毎週、時間を使いすぎだと叱責されたという。落第しそうな学生も多かったので、マンディは彼らに自信をつけさせて、大学で良い成績を取るための具体的なコツを伝えていた。

「業務に使えるはずの時間を無駄にしているって学部長が言うんだよ。『これは私の業務です！』って返すしかないよね」

理念としては、学生のサポートは教員の業務だが、それをしたからといってマンディが賞を取ったり、論文を発表できたりするわけではない。それでもマンディは必要な業務だと思っていた。うまくやれていない学生のことは気になるし、男性の教員たちは学生のメンター的な業務をサボっていたかったからだ。

結果として、親が高等教育を受けていない学生や、学習障害のある学生、何か問題を抱えた学生は、他の誰でもなくマンディの研究室に相談に来るようになった。

　このような権力や責任の不平等は、他の「イズム」、すなわちレイシズムやトランスジェンダーへの差別が入ると、ますますひどくなる。たとえばトランスジェンダー女性は、シスジェンダーの女性以上に、家事へのプレッシャーを強く感じているという。友人のレベッカはこのように説明してくれた。

「シスジェンダーの女性が権力の不均衡と闘おうとして、『私はもう、家事を全部はやらないからね』と宣言した場合は、フェミニズム的な行為になる。でも、トランス女性の私がそういう『女らしい』作業を拒否したら、どうせ『へえ、そんな怠惰にしていい資格があるんだ、男みたい』って言われる」

　この問題には人種も絡んでくる。
　非白人の女性は職場で白人女性よりも「見えない労働」をさせられることが多い。[6] 話し方や態度にも非常に気を使う必要がある。なぜなら、ほんの少し不快感を示しただけでも、怒りっぽいとか乱暴だと誤解されるからだ。[7] 大学では非白人男性は、白人男性よりずっと委員会の事務や雑務をしている。時間の価値が低く見られていて、割に合わない仕事を押しつけられることが多い。これは女性も同様だ。[8]
　非白人は多様性関連のリーダー職をやることを期待されがちだ。ダイバーシティ&インクルージョンの委員会を運営して、同僚の白人たちに人種的偏見について教育するために時間を割かれる。それも追加の報酬なしでだ。

「怠惰のウソ」は、このような社会的な抑圧を、被害者の自己責任として片付けたがる。**「偏見の中でも出世したいなら、自分の都合など気にせず、誰よりも必死で働けばよい」と「怠惰のウソ」は言う。**

この価値観は、心身の健康を蝕みかねず、他者の要求に一線を引く感覚も損なう有害なものだ。けれど、立ち向かう方法はある。割に合わない「見えない業務」を引き受けないよう、少しずつ変わっていけるのだ。

時間の使い方を記録する

キャシー・ラブリオラがクライアントに勧めているのは、評価につながらない業務に割いた時間を累計で見られるよう記録することだ。

「時間の使い方について詳細なログを取るよう伝えて、最低でも2週間は続けてもらっているの」と彼女は言う。「ここで30秒、ほらここで1分というように細かくログを取れば、合計でどうなっているか一目瞭然でしょ」

クライアントのうち、最も強いストレスを受けて疲弊しているのは、他者の要望への対応に明け暮れている人たちだとキャシーは気づいた。毎日何時間も家事をして、緊急性の低いメッセージにも返信し、グループのスケジュールを更新している。だが、それらにどれだけの時間が取られているのか本人は把握できていない。ただ、いつも時間が足りず、やるべき業務を全部終えられないと悩んでいた。

キャシーのアドバイスで日々の行動を数週間記録してみると、クライアントは一歩引いて、時間の使い方の実態を客観的に把握できる。そして、毎日、自分がしている小さな選択は、自分にとっての本当の優先順位と一致しているのかを自問できるようになる。

自分の価値観を明確化する

キャシー・ラブリオラとシャロン・グラスバーンの両者とも、頑張りすぎているクライアントには、一度ゆっくり時間を取って、毎日の習慣が自分にとって重要なことと矛盾していないか確認するよう勧めている。「日常的にやっている要素を全部リスト化して、削除できる項目がないかチェックするといい」とキャシーは言う。「本当に必要かを確認して、自分の気持ちが豊かにならない、人生にポジティブな影響がない活動はやめるべきね」

シャロン・グラスバーンは、価値観の明確化のためのワークシートで、クライアントの今後の決定をサポートしている。「価値観の明確化」とは、自分の選択や行動が、自分が大事にしている理想と一致しているかを確認するプロセスだ。次のページにシャロンが使っているワークシートと価値のリストの例を載せた。

価値観の明確化

価値観とは、自分にとって何が最も重要かを定義する価値体系のことだ。価値観は、人生の選択の一つひとつを導く。たとえば、家族に価値を置く人は、家にいる時間を増やそうとするだろうし、出世に価値を置く人は真逆の行動をするだろう。自分の価値観を理解しておけば、日常生活でもっと重視すべきことに気づける。また、将来、何を優先すべきかについても理解できるだろう。

次のリストから、自分にとって重要な項目を10個選んで、大事な順に1から10まで番号をつけてみよう。

—愛　—誠実さ　—富　—ユーモア　—家族　—忠誠
—モラル　—理性　—成功　—独立　—知識　—達成
—権力　—美　—友達　—精神性　—自由時間　—尊厳
—冒険　—平安　—変化　—安定　—平穏　—叡智
—自由　—公平性　—楽しさ　—創造性　—承認　—くつろぎ
—自然　—安全　—人気　—責任

2012 Therapist Aid LLC ／Provided by TherapistAid.com

シャロンは言う。「このエクササイズの良い点は、たとえ全項目が大事だったとしても、一歩引いて、どれが本当に大事か選択するしかないところ。だって、実生活では何もかも手に入れるなんて無理でしょう。自分の時間をどう使うか選択しなきゃいけないから」

家をきれいに保ち、数え切れないほどボランティア活動をしながら長時間働いて、友人のサポートもして、などと奔走するより、スケジュール（と心）にゆとりを作ったほうがうまくいく。自分にとってそれほど価値のないことを断れば、本当に意味のあることに専念できる余裕ができる。背負っているタスクを他人に渡すべき場合もある。

下手でも他者に任せる

ダンボール箱の件で紛糾したのち、ライリーはようやくトムと腰を据えて、家事の分担について率直に話し合った。すると、トムは予想外の考え方をしていたのだという。

「トムが家事をするたび、やり方に注文をつけていたし、掃き掃除が下手だとやり直していたの。そのせいでトムは『家事の責任者はライリーで、自分は指示に従うものだ』と思っちゃったみたい」

ずっと家事に気を配って、うまくやろうとしてきたライリーとしては、トムの家事のずさんさを放っておけなかった。それで、トムがやり方を見て学んでくれたらいいなと思いながら、家事に割って入っていたのだが、トムにはそれが「あなたには家事を任せられない」というメッセージとして伝わった。いくらトムの家事能力が低くても、「介入したい」という衝動は抑えるべきだった。

カップル・カウンセラーのサポートもあり、ライリーはようやく家事をパートナーに任せられるようになった。「今では食器洗いと洗濯、トイレとリビングの掃除はトムが担当なの。私の仕事じゃない」とライリーは言う。「だから、うっかり手を出したり、トムのやり方に口を挟まないでいられるかが、私の課題」

トムが掃除でまごついていても、もうライリーは出しゃばらない。彼女の倍以上の時間をかけてトムが風呂掃除をしている間、ライリーは中庭で雑誌を読んでいる。文脈を知らない人にとって、手伝わないライリーは「怠惰」そのものだろう。でも、本人はようやく少しは任せられるようになった自分を誇らしく思っている。

キャシーは言った。「フルタイムで働きながら、子育ても、家まわりの用事も全部をやろうとしていたクライアントがいたのね。彼女は『人生を楽しむのと、家がいつも片付いているの、両方は無理』って言った。そして、彼女は人生を選んだのよ」

「親としての罪悪感」を手放す

いつもきれいな家を保つのを諦めたクライアントは、幼い子どもを持つ母親だ。これは偶然ではない。子育て中の親ほど、他人からあれこれ言われ、社会的プレッシャーを強く受ける立場はないと思う。育児をしていると、世間から「間違い」だと見なされる機会は本当に多い。あらゆることが批判の対象になり、ダメな親だと軽蔑される。[10] ただでさえ育児は大変で疲れるものだが、社会的プレッシャーが輪をかけて親を不安にし、疲弊させる。この問題も、やはり根本には「怠惰のウソ」がある。

子育ての「正解」に関する議論は数年おきに蒸し返される。いつの時代の親も、何かしらの新説が出てきて、自分の子育てはまずいのかと悩んだことだろう。

1920年頃から20世紀半ばまで、ジョン・B・ワトソンをはじめとする心理学者は、親子の身体接触について、抱っこやキスはせず、手をつなぐとか頭を撫でる程度にすべきだと警告していた。[11] ワトソンは「過度に愛着を示すと意志の弱い軟弱な子どもになる」と主張した。20世紀後半になると、これとは真逆に愛着育児の大ブームが起きた。[12] 突如として、親にとっての恐怖は「抱っこやハグが足りないと、子どもは自尊心の低さやうつに苦しむ」というものに変わったのだ。

1990年代には、またそれが反転して、過保護によって子どもの成長や自立を妨げる「ヘリコプター・ペアレント」(ヘリコプターが頭上を旋回するように子どもを見張る親)への恐怖が広まった。[13]

「完璧な育児法なんてないよ」と3人の父親で専業主夫のエイデンは言う。

エイデンはトランスジェンダー男性で、自分が妊娠して以来、どうすれば子どもたちにとって最高の父親になれるか、いつも悩んできたという。

「やってはダメなことが書いてある育児書をあれこれ読んでると、不安で気分が悪くなるよ。妊娠中から、『あれは食べるな、運動はするな、いや、運動しろ』なんて矛盾したアドバイスだらけで、結局何が本当にいいのかわからないんだ」

矛盾するアドバイスが氾濫していて、子育て中の親は困惑するばかりだ。「ママブログ」や育児がテーマのSNSアカウントでは、母乳育児から添い寝、小遣い、託児所にいたるまで、際限なく論争が繰り広げられている。幼稚園選びも、ジェンダーレスな子ども服やおもちゃの選択も、あらゆる選択が政治性を帯びており、自分の選択に罪悪感や不安を抱える親は多い。

完璧な育児をしていないと仲間外れにされる恐怖も大きい。[14] **親たちは、子どもが将来成功できるよう正しく育児ができているか不安で、親として努力不足ではないかと怯えている。そう、自分は怠惰ではないかと感じているのだ。**

エイデンはかつて、矛盾した内容も含めてアドバイスを全部受け止めようとして、自信喪失と不安でおかしくなりそうだったという。さらに義理の母親がエイデンの一挙手一投足に口出ししてくるのが、彼の苦悩に輪をかけた。

「義母は良かれと思って言ってるんだけど、考えが全部、古すぎるんだよ」と彼は言った。

「息子たちに典型的な男らしさを押しつけてくるんだ。僕はトランスだし、そういう育児はしたくない。でもわかってもらえない」

エイデンの義母は物理的には何千キロも彼方にいるけれど、FacebookやInstagramで家族の暮らしをチェックしては、育児に口を挟んでくる。エイデンが子どもたちについてＳＮＳに投稿すると、見知らぬ人から批判的なコメントが届くこともある。

「非公開の育児グループで共有したくて写真をアップしているのに、そこでも他人が、あんたの子育ては間違ってる、もっと長時間授乳しろ、スポーツクラブに入れろって、頼んでもないアドバイスをしてくるんだ。そもそも育児は孤独なものだけど、こういうことがあると余計、よるべなく感じるよ」

育児不安が増えているのはＳＮＳの利用も一因だとされている。[15] ここでもやはり、デジタルツールのせいで親たちはますます「怠惰のウソ」に追い詰められ、常に「もっと何かできるはずだ」と考え、「また他人を失望させてしまった」といちいち落ち込む。

エイデンはこうしたプレッシャーに負けず、無視することにした。「第二子ができる頃にはわかるよ。今まで育児で散々やらかしてきたし、今後もまた、いろいろと失敗するんだろうなって」と、エイデンは言う。「その繰り返しで、だんだん不安がなくなるんだ。ちょっと失敗したからって世界が終わるわけじゃない」

エイデンは完全無欠な父親になろうとせず、「ほどよい」親でいようと考えている。専門的にも「ほどよい」育児こそが適切な目標だとされている。

「ほどよい」親でいよう

1980年代に、発達心理学者が「ほどよい育児」を提唱し始めた。[16] それまで何十年も、親(主に母親だ)の行動について厳密なルールを伝授してきた研究者が、ようやく「子育てに完璧などない」と気づいたのだ。どんな親にもダメなところはあるし、欠点をゼロにしようと頑張ってもうまくいかない。**むしろ、完璧な親を目指すのをすっぱり諦めたほうが、うまくいく。**

発達心理学によると、「ほどよい」育児は、子どもに愛情や安全な場所、十分な食事を与え、間違うこともあるが、子どものトラウマを引き起こす行為はしない。[17] 社会が押しつけてくる「親はこうあるべき」にとらわれず、子どもの特性や興味と、親自身の欲求の間でうまくバランスを取ればいいのだ。

エイデンにとっては、「ほどよい」父親になるとは、多少の手抜きをすることだった。「うちではレンジ調理のチキンナゲットだってよく食べるし、風呂に入れずに寝かしつけることもあるよ」と言って、彼は笑う。「義母が聞いたら嫌がるだろうね。でも子どもたちは喜ぶし、ちゃんと健康だし、親の僕たちもセックスする時間ができるってわけ」

間違いを受け入れる

「ほどよい」育児の真骨頂は、間違ったときに自分を責めないことだ。むしろ、失敗を認めて対応し、そこから学ぶことが大事なのだ。人生には挫折や失望がつきものだ。そんなときにも自己否定せずに対処する術を、自分の不完全さを受容できている「ほどよい」親の姿から子どもは学べるのだ、と研究は示している。[18]

子育て中のエミリーにも話を聞いた。彼女は自分の失敗を娘に隠さず、常に話し合うようにしている。彼女にとって最大の過ちの1つが体罰だった。

「以前は、子どもを叩くのはしつけとして正しいと思っていたの」と彼女は言った。

「自分がそうやって育ったから。でも、体罰は悪でしかないという研究を知って、体罰ではうまくいかないんだってわかった。12歳になる娘とその件を話し合ったの。こういうわけで以前は叩いていいと思ってたけど、もうやめたのよ、って」

親が自分の過ちを子どもに話すことで、一方的ではないオープンな親子関係が生まれ、しなやかな絆を育むことができる。自分の失敗を認められる親は、子どもの欠点や失敗もうまく受容できる、という研究もある。[19]

自分の人生を生きる

著名なカップル・カウンセラー、エスター・ペレルは、親が自身の精神の健康を保ち、自分らしさを失わないために、子どもとは無関係な趣味や社会活動をする時間を取るべきだとよく勧めている。[20] これは子どもにも効果がある。親がその役割から一時離脱することで、子どもは自分だけの楽しみや興味をのびのびと追求できるためだ。[21]

真ん中の子が生まれて少し経つと、エイデンはこの理念を実行に移した。2人の子を抱えてますます忙しくなっていたが、あえて趣味のロッククライミングの時間を確保したのだ。

「ねえ、僕はロッククライミングを再開するよ。月に一度は、週末に州立公園に行って崖を登りたいんだ」と夫に伝えたと言う。

「そうしたら、彼も『いいね、僕もダンジョンズ&ドラゴンズを友達とやる計画を立てようかな』だって」

それから数年、エイデンたちは今も、それぞれの趣味の時間を定期的に取っている。スケジュールがかぶった場合にはベビーシッターを雇うが、それに罪悪感を持たないようにしている、とエイデンは言う。

「子どもの1人が病気をしたときに、僕らの片方に出かける予定があると、『ああ、趣味はキャンセルして家にいるべきだよな』って考えがちだけど、もう一方が『行ってきなよ、大人だって自分に良いことをしたほうが、家族はうまくいくはずだ』って言って聞かせるんだ。たいていい、それでうまく回ってるよ」

消耗する友人関係に線引きをする

数年前、私にはイーサンという友人がいた。彼とは『マッドメン』のファン向けのオンライン・フォーラムで出会った。毎週、イーサンが書く番組レビューのダークなユーモアが好きだった。ネットで会話するうちに友達になって、数年後、イーサンは新しい仕事を見つけてシカゴに引っ越してきた。

シカゴに来て以来、イーサンの態度は変わった。仕事が合わず、すぐに抑うつ的になった。他に友達のいない彼は私を頼るようになり、社会との接点や心理的サポートを私に求めた。子どもの頃に受けた虐待の話をするようになり、悲惨な内容を詳細まで語って私を動揺させた。上司の愚痴を吐き、人生が絶望的だと言った。ついには希死念慮を口にし始めた。

私は、イーサンに自殺行為や自傷をしてほしくなかった。彼のメンタルの責任は私にあると感じた。だって、私以外に知り合いのいないシカゴに引っ越してきたのだから。私がイーサンの話を聞かなければ、代わりは誰もいない。そう思って、できるサポートは全部やった。

夜中まで話し相手になり、「人生には意味がある、生きていこう」と伝えて安心させようとした。近隣のカウンセラーについて調べて、合いそうなクリニックや施設のリストも作った。彼に向いていそうな求人情報を検索して共有した。ソーシャルワーカーの友人に頼んでイーサンに電話させて、支援の手順を一緒に考えてもらった。

ある夜、抑うつ思考の悪循環でひどく落ち込んだイーサンが、何度も同じテキストメッセージを送ってきた。「もうだめだ、もうだめだ、もうだめだ」

「イーサン、つらいよね」私は返信した。

「なんて言っていいのかわかんない。お勧めしたカウンセラーの中に合いそうな人はいた?」

「カウンセラーなんて、人生には良い面もあるとか、ヨガをしろとか、くだらないことしか言わない」と、きつい口調が返ってきた。

「何の役にも立たないよ」

何か別の支援も利用するよう、私はイーサンを励まし続けた。私のサポートは不十分だったね、と伝えると、返信が来た。

「正直言うと、送ってもらったリストは開けてもない」

その瞬間、ようやく私は自分の独りよがりに気づいた。イーサン本人に変わる気が薄いのに、私ばかりが助けようと頑張っていたのだ。いいように使われ、雑な扱いを受けていたと感じて、それ以降、彼と話すのをやめた。イーサンにもひどく腹が立ったが、それ以上に自分に失望していた。

「怠惰のウソ」のせいで、他者との境界の感覚がひどく歪んでいる私たちは、他人の問題も自分が頑張って解決しなければ、と考えがちだ。相手を思うのなら、自分も相手の援助に奔走して苦しむべきだ、と「怠惰のウソ」は説く。けれど残念ながら、他人の問題は本人以外には解決できない。それで結局、相手はこちらに歩み寄れない（あるいは、歩み寄る気もない）のに、頑張って支援していた自分に気づき、怒りと虚しさに襲われるのだ。こうした状況に苦しむクライアントのサポート経験が豊富なキャシー・ラブリオラは言う。

「人を助けようとする欲求自体は素晴らしいのだけど、それが強迫観念になっている場合もあるの。そういう人は、自分が支援者として適切なのか、できることがあるのかを相手に確認もせずに、とにかく駆けつけてしまうのよ」

罪悪感に苛まれて、自分には責任のないことまで背負ってしまうのは「怠惰のウソ」のせいだ。このままでは、次もまた、誰かを「助ける」つもりで派手に振り回され、無駄な苦労をする羽目になる。
支援に飛び込む前に、他者の問題に自分が介入する権限があるのか、もしある場合には適切な「関与の仕方」は何なのか、まずは自問すべきだ。そうすれば、不安と承認欲求に駆られて、支援を受ける気もない相手のために時間と労力を投じる、まずいパターンから抜け出せるだろう。

他者を支援するか、するならどこまでやるかを決めておく

他者に入れ込みすぎて苦しんでいる人向けの質問リストをキャシーは作成している。質問に答えていけば、ある問題に関与する責任が本当に自分にあるのかを自問できるのだ。次がその質問リストだ。また、問題を解決する方法として、「修復」を試みる以外にも選択肢もあるため、併せて示したい。

誰かを「助ける」前に自分に問うべき項目

○相手が自力で解決できる問題ではないか？
○相手は助けを求めている？
○他の誰でもなく私の助けを求めている？

○今の時点で、私は助ける人として適切？
○専門家や家族などに支援してもらうよう指示することはできる？
○助けたいという私のモチベーションはどこから来るもの？
○支援することで自分にかかる負担は何だろう？

これらの質問は、反射的に他者を「支援」しようとすると、いきすぎたり、非現実的だったり、ときに露骨に相手を侵害しかねないことを示している。

「ただの顔見知りでしかない人の世話を何でも引き受けてしまう人もいるの」とキャシーは言う。「それでいつの間にか、ほぼ見知らぬ他人の人生を一手に背負ってるのよ。あなた、この人のこと、ほとんど何も知らないじゃない！って思うんだけど」

イーサンの件も、私が立ち止まってそのリストを自問できていたなら、彼のうつ病やトラウマは私ごときに解決できる問題ではなく、彼の人生に立ち入りすぎるのは不適切だと気づけたはずだ。イーサンは自分で治療にたどり着くべきだったし、そのタイミングは本人が決めることだった。私はクリニックのリスト作成に何時間も費やしたが、それはイーサンの望んだことではなかった。彼の望みは、私が24時間無休で対応することだった。その過大な期待に屈せず、きちんと断っておけたなら、私もイーサンも不満をためずに済んだのではないかと思う。他者に対して一線を引いて、要求を断った経験が私にはなかった。他者にとって「便利」な自分でいるのが癖になっていたからだ。

支援しようとする理由に向き合う

数カ月前、人生相談のポッドキャスト「ディア・プルーデンス」のあるエピソードを聞いて、私は強い衝撃を受けた。その回の質問者は、隣人との一方的な関係に悩んでいた。隣家の子どもを無料で預かり、食料の買い出しもして、精神的な支援もたくさんしているのに、相手はさほど感謝を示さないのだという。質問者は燃え尽きてしまい、利用されたと腹を立てて、ダニー・M・ラヴェリー（別名：ミスター・プルーデンス）にどうすればいいかを相談したのだった。

ダニーはまず、厄介な隣人の頼みごとからうまく逃れる方法について、いくつか実用的なアドバイスをした。その後、ダニーはさらに掘り下げて、なぜ友人とも呼べないような相手に対して、必要もないのに、感謝もされない作業をしているのか、よく考えてみるよう相談者に迫った。

「他人のお世話を頑張っていたら、いつか誰かがそれに気づいて、あなたに優しくしてくれるとか、思ってるんじゃない？」とダニーは言った。

ダニーの問いかけは私に刺さった。「怠惰のウソ」のせいで、私は自分自身の傷つきやすさや要求を隠し、他者を支援することで自分の価値を証明しようとしていた。私の気持ちを思いやってほしい、大事にされたい、なんてとても言えなかった。自分が寂しいときや悲しいときにはいつも、他人のサポートをすることで気分を上げようとしていた。

私が他の人のサポートを頑張っているのに気づいた誰かが、ある日突然、「かわいそうに、君はもう十分頑張ったよ。今度は私が君のケアをしてあげよう」と声をかけてくれるのを、いつもひそかに望んでいたのだ。

キャシー・ラブリオラは、困っている人をなぜ助けたいと思うのか、それで何を得たいのか、自問してみようと勧める。

「何をするにも必ず、健全なモチベーションと、やましい動機が混在しているものよ。それ自体は問題ではないの。ただ、その比率は気にしておきたいところね」

言い換えれば、他者支援にある程度、利己的な動機が混じるのは正常であって、完全に利他的にはなり得ない。とはいえ、承認欲求に突き動かされて他者支援をしている自分に気づいたなら、関与を減らすべきタイミングだろう。とりわけ、相手から感謝もなく、利用されていると感じるような不均衡な関係に絡み取られている場合は、そこから離れるべきだ。

やりがいはあったとしても不適切な態度をやめる

心理学者のアルバート・J・バーンスタインは著書『あの人はなぜあなたを疲れさせるのか』

内で、いつも頼ってくる友人を精神的に支え続けていると、自滅的なループができてしまうという。友人が落ち込むたびに気分がマシになるよう、いつもサポートしていると、そんなつもりはなくても友人にとっては、気分が良くなるためにあなたに依存するトレーニングになってしまっているかもしれない。本人のリソースや問題解決能力を使わず、自分の問題はあなたが解決するものだと考えるようになる。

バーンスタインは「手っ取り早く相手の気分を良くしていると、相手を悪化させてしまう」と述べている。[22]

まさにこれが、イーサンと私の間に起こった。絶望と希死念慮に襲われていたとき、イーサンは自殺防止のホットラインや心理士、あるいは本当に親しい人に電話をするべきだったのに、いつも私がそばにいて何時間も愚痴を聞き続けていたせいで、イーサンは問題があればとにかく私に連絡するようになった。そんなつもりはなかったのだが、イーサン本人が人生を改善できるよう積極的に動かず、とにかく私に依存するよう、私が仕向けてしまっていた。

苦しむ人を前にすると、たいていの人は、できることは何でもして助けてあげたくなる。だが、支援しようと頑張った結果、関係者全員に危害が及ぶリスクはある。**他者を支援するとは、その人にとって唯一の松葉杖になることでもないし、もぐりのセラピストになることでもない。**自分に責任のない要求を断ったことが、相手が問題解決の力をつける機会になるかもしれない。

やめてみよう	やってみよう(*23)
相手の問題の解決策を提示する	「どうする?」と解決策を本人に訊ねる
相手の嫌な感情を消そうとする	相手の感情を変えようとせず、表現させる
何時間も泣く、わめくなどいたずらに相手に感情を発散させる	傾聴するが、相手が問題に執着して動けなくなっている場合には休息や気晴らしを勧める
不安や悲しみ、怒りのスパイラルに巻き込まれているのを聴き続ける	同じ話を繰り返したり、エスカレートする場合には「今の状況に目を向けよう」と中断させる
相手の要望に先回りして応じようとする	「私に何をしてほしいの?」と相手に期待をはっきり言わせる
自分が無理なくできる以上のサポートをする	「他にこの問題で頼れる人はいる?」と他のサポート源を探す
相手の状況に責任を感じる	「私の考えを気にしてくれるのは光栄だけど、自分のことを一番わかっているのは自分だよ」と伝える

その時点では助けてもらえずがっかりするだろうが、長期的には本人のためになることが多い。

バーンスタインは著書の中で、こじれた関係性に悩む「支援者」が、より建設的な支援ができるよう、具体的な方法を示している。その方法をまとめたのが上の表である。

イーサンのパニックに対して私は左側の対応をしてしまったが、右側のやり方で対応していたら、私たちの友情は寄生的で有害な関係にはならずに済んだだろう。当時はイーサンの希死念慮を私が消さなければと思い込んでいたし、「あのセラピストに電話しなよ」「この仕事に応募すれば」と、いつも私が問題の主導権を握ろうとして、イーサンの主体性を奪っていた。

私がイーサンとの関係に一線を引いて支援をやめたため、イーサンは自身の問題に向き合わざるを得なくなった。連絡を取らなくなって数カ月後、共通の友人が教えてくれたのは、イーサンが今、新しい仕事を楽しんでいて、ルームメイトとも仲良くやっているということだった。無茶な要求を断ち切ったことで、私もイーサンも解放されたのだ。かつての関係性から離脱したのは、私が「怠惰」だからでも、非情だからでもない。私たち両者にとって、それが必要だったのだ。

他者の期待に応えようと頑張るのをやめると、ようやく自分自身へと関心が向き、自分の価値がはっきり理解できる。そして、個人からの要求に抗える力をつければ、社会からの強い要求や重圧に対しても、抵抗できるようになる。

第7章

社会の「べき」を払いのける

自分らしさを抑圧する「怠惰のウソ」

この本では何度も『マッドメン』の話をしてきたけれど、あと1回だけ許してほしい。このドラマは米国の職場に蔓延する「順応へのプレッシャー」を描いている。

ペギーはその広告代理店で女性初のコピーライターだが、同僚からの性差別を、話し方や文体、男性的な服装などで克服するしかなかった。[1] 性差別と正面から闘うのではなく、ペギーは感情的になりすぎず、女性らしさやセクシーさを出しすぎないという場の「ルール」に従ってうまくやる術を身につけていく。

同様に、この代理店で初の黒人社員ドーンは周囲から「怒っている」「怖い」と思われないよう謙虚で陽気な性格を演じるしかない。[2]

『マッドメン』の主人公ドン・ドレイパーは白人男性ではあるが、貧しいヒルビリーの出自がばれないよう、その痕跡をすべて隠して生きている。彼の生いたちは、築いてきた「プロフェッショナル」なイメージにそぐわないので、中流階級白人男性の仮面で隠さなければならない。

アパラチアのヒルビリーの末裔である私にとって、ドンの話にはとても親近感が湧く。私の親戚はテネシーの片田舎を出てクリーブランド郊外に来て以来、ヒルビリーの出自を隠すようになった。父や祖母がうっかり「ヒルビリーじみた」ことをすると、家族の誰かがそれをあざけり、手荒く「矯正」した。そうした恥ずかしい「ヒルビリーじみた」仕草とは、ガレージセールで値切ろうとするとか、他人のゴミから使えそうな家具を拾うなどの、つましい行動ばかりだった。

『マッドメン』のクリエイター、マシュー・ワイナーはかつて、この番組のテーマは「白人になること」だと語っている。[3] もちろん、ドン・ドレイパーは最初から白人だが、ワイナーが言いたいのは、ドンが会社で出世するごとに、以前の自分を消していき、裕福なアングロサクソン・プロテスタントの白人の人格を完全に体現するようになる変化を指していた。

私の家族の場合、「白人になること」は文字通りの意味だった。父方の家系は、テネシー州のカンバーランド・ギャップ地方のメランジャンと呼ばれる混血である。[4] ヒルビリーの親戚には白人、あるいは白人として通る人が多かったが、肌の色が濃く、黒人やネイティブ・アメリカンだと見なされる人もいた。私の家族がテネシー州からオハイオ州北東部に引っ越したとき、白い肌の人たちは恵まれた中流生活に容易に溶け込んだ。訛りやヒルビリーらしい特徴を隠し、非白人のルーツを認めなければ良かったのだ。私も子どもながらに、家族の出身地や民族について質問されると話をそらすことを覚えた。史料によれば、メランジャンの多くはこのように非白人のルーツを隠し、白人としてのアイデンティティを身につけ、順応と自己否定を通じて主流社会に溶け込んでいった。

「怠惰のウソ」は、仕事で成功するためには、社会のマジョリティ側への順応が必要だと促す。仕事中の態度や身のこなし、業務の進め方で「白人になる」選択をすれば認められる。子どもの頃から私たちは、自著の出版のために男性のペンネームを名乗った女性作家や、わずかな金銭と称賛を得るために白人の同業者の倍の努力をしてきた黒人の発明家や研究者を見習うよう教わってきた。一方で、社会の差別や偏見に抵抗して声を上げる人は、成功に必要なことをせず不満を言う「怠惰」なクレーマーだと烙印を押される。

「怠惰のウソ」は、あらゆる社会問題の解決策は、文句を言わず仕事に打ち込むことだと私たちに信じ込ませたがっている。

個人の凸凹や尖った部分をすべて削り取って、できるだけつるりとして特徴のない「普通っぽい」人になってくれれば、本人も周囲も構造的な問題を無視して、ひたすら生産性向上に集中できるわけだ。

しかし、それは自滅につながる罠だ。「怠惰のウソ」が私たちにさせる約束はどれもウソなのだから。

ワイルド・マインド・コレクティブを立ち上げる以前、ケイトリンは低所得の黒人の若者がきちんと所得を得られるよう就労支援をする非営利団体で働いていた。ケイトリンはその団体の理念自体は高く評価しつつ、実際のプロセスを問題視していた。

「団体は、仕事を求める低所得層の非白人の若者を集めては、企業の従順なロボットへと変換しようとしていたの」

ケイトリンによれば、この非営利団体は、黒人の若者がどこまでも礼儀正しく従順になるよう訓練していた。スタッフやボランティアは、若者たちの態度や言葉を取り締まり、少しでも「プロらしくない」と思われる態度は厳しく戒めた。さらに、このNPOは若者が怒りや憤りを抑えるよう訓練をしていた。どれだけひどい不平等や人種差別を目の当たりにしてもアンガーマネジメントしなさい、というわけだ。

「言う通りにしないとか、物事の進め方に疑問を持つ若者がいると、そのNPOの人たちは、『自分の感情や考えは出さず、とにかく頑張りなさい』ってオウムみたいにひたすら繰り返してた」とケイトリンは言った。

かつて私も、チャータースクール（市民主導の公立学校）で黒人の生徒たちに同じようなことを教えていた。小学校では「集中」するよう指導されていたが、それはじっと動かず座って、教師から目を離さないことを指した。そわそわ身体を動かす、部屋の中を見回すなど、その子本来の特性の出る児童は叱られていた。

「怠惰のウソ」を奉じて、被害者を責める文化が蔓延しているこの社会では、差別や偏見の問題は、マイノリティ側が自力で解決するよう求められがちだ。

黒人女性は髪をストレートにするようにと、いつも言われる。自然にカールした髪は、白人にとって目障りで「プロフェッショナルらしくない」からだ。[5] ネイティブ・アメリカンが伝統的な装飾品を仕事場に身につけていくと、大きすぎて「派手」だからやめるよう言われることが多い。[6] 私のようなトランスジェンダーは、職場で自分らしく振る舞っているだけでもしばしば非難を受ける。ただ適正なトイレを使っただけでも叱責や攻撃を受けかねない。存在自体が、他の従業員にとって「目障り」だと言われるのだ。

大半の職場には仕事中毒が蔓延しており、場に溶け込まない「目障り」な存在は、何よりも脅威だとされる。そもそも何が「プロフェッショナル」な態度かという分類自体が、社会統制への欲望に根ざしている。ノンバイナリーの作家にして声優や活動家としても活躍するジェイコブ・トビアは「私がジェンダークィアで、プロフェッショナルで、怯まない理由」と題したエッセイで、このことを見事に言い当てている。[7]

プロフェッショナリズムは、長らく私の敵だ。なぜなら、ジェンダー・アイデンティティを常にきっぱり消し去るよう要求するからだ。職場では、男女の二元論は絶対的で、疑う余地のないものとされている。その一線を越えるようなことがあれば、同僚からひどい扱いを受け、昇進機会を失うリスクもあり、失業さえしかねない。

ジェイコブは、鮮やかで身体の線に合ったワンピースに大きなアクセサリーをつけて、仕事ができそうなヒール靴を履いている。ジェイコブがシスジェンダーの女性なら、その格好は職場で問題にならないだろう。でも、青ひげと体毛のあるノンバイナリーの、ジェイコブの場合には、かわいくておしゃれなオフィスファッションは受け入れられない。

この文化では、自分らしさを率直に表現すると、目障りだとかプロフェッショナルでないと言われてしまう人たちがたくさんいる。

大柄な人は、痩せた人向けに作られた社会に合わせて体型を変えろ、食べるな、などとプレッシャーをかけられる。障害者は「弱い」「怠け者」と思われるのを嫌って必要な支援を求めづらくなる。「怠惰のウソ」は完璧を要求してくるが、完璧の定義は非常に厳しい上に恣意的だ。順応した身体、きちんと見栄えのよい生活、社会に役立つ「生産的」で立派な活動に満ちた一日、不満や反抗心とは無縁の人生など、こうした項目すべてをクリアしなければ、失敗したかのように感じる。

そもそもが、失敗するようにできている。決められた理想に沿って私たちは優先順位を決め、忙しくあれこれ気にしては、自分の欲求やニーズに負い目を感じてしまう。

けれど、こんな不公平な基準に自分を当てはめて測る必要はない。

一歩引いて、「こうあるべき」だと社会に教え込まれた内容を見直すと、社会的要請の中には、本当の自分らしさとは相容れないものも多いと気づくだろう。

社会に受け入れられやすい、わかりやすい、無難な自分になろうとして、もがく必要はない。こうした「べき」への抵抗は、私たちを強くする。抵抗は「怠惰」ではない。


私自身、与えられた性別に自分を合わせて、礼儀正しく、きれいな若い女性であろうとするのをやめて、自分らしく生きようと決めてから何年も経った。元NPO理事長のジュリーは、家族の世話をしながらフルタイムで働いて、「ハヴ・イット・オール」な女性像を演じ続けるのではなく、家族が健やかにいられる生き方を優先した。自分の信念と合わないNPOにいたケイトリンは、自分だけの道を切りひらき、自分同様に簡単には抑えつけられず支配できない「ワイルドな知性」の持ち主を応援するキャリアを選択した。

「怠惰のウソ」の独裁に抗い、自分が本当に望む生き方を見出すチャンスは皆それぞれにある。だが、自分らしく生きるためには、社会のとても悪質な「べき」と向き合い、それを拒絶しなくてはならない。私たちはようやく、そんなルールは自分のためにならないと気づけたのだ。

自分が傷つくような要請には応じないと拒否しなければ、自分を解放して自由になることはできない。不合理な制約には従わないと決意すると「怠惰」の烙印を受けるように感じるかもしれない。だが、社会の「べき」に抗うことは、怠惰どころか、多大な労力を要する立派な行為なのだ。

今のあなたの身体はパーフェクト

生産性が人間の価値を決めると常に教えられていると、自分の身体を疎ましく感じるようになる。自分の身体は自分らしさに欠かせない重要なものだと考えず、目的のための手段として身体を捉えるようになる。このような文化では、身体は「使える道具」、あるいは「他者の承認を得るための手段」として認識されている。

自分の身体を疎ましく思う心理は、特に太った女性に多い。常に社会から、お前の身体は「仕事」に失敗していると責められているのだから。この場合、「仕事」とは、旧来の美しさの基準を満たす、華奢な身体であることを指す。

「いつも美の基準で分類されるのにはうんざりする」と私の友人、ジェシー・オリバーは言う。

「こっちは、そんなの頼んだつもりはないのに」

ジェシー・オリバーはボーカル・コーチで、素晴らしいオペラ歌手であり、ファット・ポジティブの活動家でもある。彼女のポッドキャスト「Fat Outta Hell」（ファット・アウタ・ヘル）では、かわいいプラスサイズのビキニを見つける喜びや、大きな身体で快適に座れる椅子のあるレストランを探す難しさなど、幅広い話題を共演者と語っている。ジェシーは長年、ファット・リベレーション（体型差別解消運動）の旗手として発言し、身体の大きな人が職場や診察室、舞台で直面する偏見や排除に抵抗してきた。体型差別のせいでずっと嫌な思いをしてきた彼女は、社会の肥満嫌悪と「怠惰のウソ」の結びつきを、当事者としてよく知っている。

「成功しようが失敗しようが同じように儲かる業界って、ダイエット業界以外にある？」とジェシーは言う。

「減量できなければダイエットを続けなきゃいけないし、成功したら今度は体重維持のための商品を売り込まれる。リバウンドだけはごめんだから」

肥満嫌悪は莫大な利益を生む。2019年、ダイエット産業は米国だけで720億ドル以上の市場となった。[8] 2018年から2019年の業界の成長率は4％で、今後も成長市場だと大半のアナリストは予測している。[9] ダイエット薬から「脂肪が吹き飛ぶ」エクササイズの教室、美容整形、ウエストに巻くトレーニングベルトまで、ダイエット業界は、長い触手を山ほど伸ばして、あらゆる商品を売り込んでくる巨大な獣だ。体型を変えなくては、と思い込んでしまうと、費用を注ぎ込む先は大量にあり、そうしたビジネスは金の流れを止めさせないよう消費者の不安につけ込んでくる。

社会に蔓延する肥満嫌悪のせいで、多くの人が、恣意的に設定された「完璧」を目指して過酷な努力をしている。それが本人にとって健康なのかは気にせず、ジムやフィットネスのクラスで頑張って、スリムで「引き締まった」体型になろうと頑張っている。誰もが、この社会で美の基準とされている裕福なヨーロッパ系白人の身体に近づけると思い込まされている。[10] 身体が自然に発する空腹のサインは信用せずにサプリメントや置き換えダイエットのシェイクで空腹を抑えなければ、と考えて、年に何千ドルも、必死の身体「改善」に注ぎ込む。けれど、統計的に見て、ダイエットはまれにしか成功しない。

「肥満に関する研究や調査の多くは、ダイエット産業の資金提供を受けてきた歴史がある」とジェシーは言う。「だからいつも、『この商品で体型を改善しましょう』って売り込むのに都合のいい結果ばかり出るんだよ。お前には矯正が必要だってメッセージばかりが流れてる」

減量で身体を「矯正」せよというプレッシャーは強いが、減量の努力は、ほぼ失敗に終わる。[11] 食事制限、運動、手術、サプリメントなど、どんな方法を選ぼうが、長期的にはどれも効果がない。[12] 研究によると、減量を試みた人の95%~97%は、5年以内に元の体重に戻っている。[13] また、肥満は「不健康」だと言われてきたが、一定の高体重を維持するより、体重の増減を繰り返すほうがはるかに健康に悪い、と複数の研究が示している。[14]

こうしたエビデンスがあるにもかかわらず、多数の人が肥満を克服しようと闘い続けているのは、肥満は言い訳無要で「怠惰」の証拠だ、と教え込まれてきたからだ。

「デブ」と「怠け者」という言葉はしばしば同じように使われる。どちらも人を道徳的にこき下ろし、その人の存在や生き方への否定を示す言葉だ。「怠惰のウソ」が経済的弱者に対して、「成功したければ頑張ればいいのに」と自己責任を押しつけるのと同様、肥満への偏見や身体嫌悪の犠牲になっている人を捕まえて、「食べる量を減らして運動すればいいだけでしょう」と非難するのだ。

10代の頃から20代後半までの私は、かなり深刻な摂食障害を患っていた。食事の量はできるだけ減らし、いくら忙しくても、疲れていても減量エクササイズを欠かさなかった。２０１４年にひどく体調を崩したのは、間違いなく、過労に加えて栄養不足も原因だった。この２つは私にとって切っても切れない関係にある。

強迫的に働きすぎるのも、摂食障害も、怠惰への恐怖と、自分が「十分」だといつも証明しなければ、という切迫感に起因している。

自分が健康になるために、私は「肉体的な苦しみは美徳の証しだ」という思い込みを捨て去る必要があった。体重増加の恐怖も克服しなければならなかった。それまで私はずっと、太っている人はひどく怠惰で、排除や批判を受けても自業自得だと思い込まされていた。摂食障害を脱するには、太った人に対する偏見の克服が必要だったのだ。

ファット・ポジティブでいこう

私が摂食障害から立ち直る上で、大きな助けになった一つに、ふくよかな人たちの肯定感に溢れた美しい画像にたくさん触れたことがある。おしゃれでカッコいい、イケてるプラスサイズの人たちのブログやSNSのフォローを始めると共に、身近にいる大柄な人たちの声に耳を傾け、魅力を理解するようになった。のちに『ダイエットランド』という番組で一躍スターになる大柄な俳優、ジョイ・ナッシュのコメディの動画もむさぼるように観た。アルカディオ・デル・ヴァレやケリー・リンといった、プラスサイズのファッションモデルの画像もじっくり眺めた[15]。太った人びとが偏見や排除を受けた経験を綴った文章を読んだ。大柄な友人たちもつらい経験を聞かせてくれた。

そうするうちに、肥満への偏見や差別心が薄れるとともに、私自身の身体とも折り合いがつくようになってきた。他人の体型を批判するのをやめると、自分の身体にも優しくなれた。

太っている人びとの多様なイメージを見ることによって、否定的な固定観念が弱まることは実証されている[16]。また、実生活で大柄な人と充実した時間を過ごすと、痩せた人の肥満嫌悪が薄まるのも明らかになっている。[17] さまざまな体型の人をポジティブに表現した画像にたくさん触れた人は、自分自身の体型も受容しやすくなる。[18] ふくよかな身体の美しさを知った私はもう、ダイエット産業の利益のために操作される駒ではなくなった。何より、大柄な人たちを見た目でジャッジしていた以前のひどい自分よりは、少しマシな人間になれたと思う。

身体はモノではなく、あなた自身

否定的なボディ・イメージに苦しむ人についての心理学研究では、問題の核心は**「自己客体化」**だとされている。[19] 「自己客体化」とは、自分の身体を、自分の心とは別の「モノ」として見ることだ。特にひどいケースでは、自分の身体をまるごと価値あるものとして捉えられず、自分の身体はばらばらのパーツの寄せ集めで、各パーツにそれぞれ欠点があると認識するようになる。

ある研究によると、自分の身体をモノとして捉えがちな人は、そうでない人に比べて自尊心が非常に低く、摂食障害的な行動を取りやすい。[20] 自分の身体について長時間、考えさせられた女性は、自己客体化によるストレスを抱えて気が散るため、数学の問題をうまく解けなくなる、という実験結果もあるほどだ。[21] 痩せた身体が理想だと喧伝するメディアに接する頻度が高いほど、自分を傷つけるこうした自己客体化の傾向は強まる。[22]

では、すでに自己客体化にとらわれている場合は、どうすれば克服できるのだろう。たとえば、身体の見た目を気にするのではなく、身体を使ってできることを意識してみるのも良い方法だろう。[23] エクササイズ運動をつらいものだと考えずに、身体ができることを称えるプロセスとして、あるいは、快感を味わうプロセスとして楽しもう。心地よいランニングや、タフなウェイトリフティングは心を満たしてくれる。[24] また、自分の身体に優しくなるのも大事だ。痛みや不快感、空腹感などのサインに耳を傾ければ、自分の欲求をよく理解できるようになり、無理して自分をいじめなくなるだろう。何より、「怠惰」への恐怖心を捨てることだ。だらだら過ごすのも体重が増えるのも、「怠惰」の証拠だと恐れるべきではない。

第2章で述べた通り、身体の声に耳を傾け、何もせずに休みたい気持ちを尊重すれば、深い癒やしが得られるはずだ。身体の痛みや疲れに耳を傾け、それを軽視せずに大切にするのは画期的な行為であり、それ自体が深い癒やしにつながる。

長年とらわれてきた太ることへの嫌悪（ファット・ヘイト）や体型を恥じる感情（ボディ・シェイム）を捨て去るプロセスは、長く複雑ではあるが、まずは自分の体型を変える努力をする必要がないと受容するところから始めよう。変わるべきは、あなたではなく、この社会の硬直した体型観や肥満恐怖のほうだ。

生活は散らかっていていい

「怠惰のウソ」が助長するもう一つの有害な「べき」は、特定のライフスタイルで生きる「べき」というものだ。資本主義の競争原理の影響で、他者に評価される、富と成功の象徴のようなライフスタイルを体現すべきだと感じている人は多い。これもまた罠であり、不要なストレスの原因である。

英語には「ジョーンズ家に追いつけ」（隣人に負けまいと見栄を張る）という表現があるが、これは1913年に『ニューヨーク・ワールド』紙に掲載されたアーサー・〝ポップ〟・モマンドの漫画のタイトルに由来している。この漫画は、マッギニス家が、華やかで上品な隣人のジョーンズ家に追いつこうと奮闘する姿を描いている。マッギニス家は上流中産階級に入りたてで、身だしなみや作法、片付いた家など、隣人の持つ上品さに欠けていた。この漫画が描かれて以来、「ジョーンズ家に追いつけ」というフレーズは、周囲の関心を買うために、上品で見栄えのするライフスタイルを保つプレッシャーを表すようになった。

面白いことに、25年以上の連載で、ジョーンズ家は一度も漫画に登場しなかった。マッギニス一家が目指す完璧な家族の姿は見えないのだ。うまくできている、と私は思う。もし読者がジョーンズ家を目にする機会があれば、何らかの欠点が見つかるはずだ。ジョーンズ家を謎に包んでおけば、彼らは何につけてもマッギニス家より優れたまま、批判を受けずにいられる。

妙な話だが、この正体不明の完璧な「他者」と自分を比べて不安になる力学は、今日のSNS上でも健在だ。自分と比べる相手は広告やInstagramのフィード、YouTubeチャンネルなどにいつも出てくるが、その人たちの生活の実態はほぼ謎のままだ。だからこそ完璧なイメージを投影できてしまうわけだが、そういう人たちの片付いた家、おしゃれな服装、楽しそうな休暇の様子などを見ると、それに比べて自分の暮らしはぱっとしないと感じられ、自分がだらしない、惨めな人間だと思えてくる。

実際には、SNS上で私たちより「よく」見える人は、単にキュレーションがうまいだけだ。生活の華やかな部分を強調し、苦悩や痛みは極力見せないようにしている。不幸にも、このせいで完璧さの競い合いはひどくなり、現実にはあり得ないレベルの完璧さだけが受け入れられるようになり、人間らしさは削ぎ落とされていく状況だ。

ほんの数年前まで、エセナ・オニールはInstagramのスターだった。10代の彼女は、ビーチや豪華リゾートでのキラキラした写真を投稿し、50万以上のフォロワーを獲得した。鮮やかに輝くガウンを身にまとい、洗練されたトレーニングウェアから平らなお腹をさらけ出し、ショートパンツとタンクトップを着てダイエット・ティーを飲みながら、絶妙に乱れた髪をかき上げていた。

18歳になる頃には、エセナは完全に燃え尽きて、「インフルエンサー」ゲームに幻滅していた。自身の虚像を投影するのに辟易し、幻想をでっち上げる作業にも疲れ切っていた。そこでエセナは、数百ものInstagram投稿を一日のうちに削除し、残りの投稿はキャプションを変えた。新しいキャプションには、彼女の「ブランド」だった無防備でさりげない印象を完璧に打ち出すために使われたテクニックが暴露してあった。[25]

鮮やかなピンクのビキニを着てビーチでくつろいでいる古い写真に、エセナは新しいキャプションをつけた。

「リアルな生活じゃない――お腹をきれいに見せようと、似たようなポーズの写真を100枚以上撮った。満足いく写真ができるまで撮り続けるように妹に怒鳴ってたかも。おかしいよね[26]」

タンクトップにランニングパンツ姿の写真のキャプションを、エセナはこう変えた。

「15歳の女の子がカロリー制限と無理なエクササイズをするなんておかしい」

別の編集済みのキャプションでは、自然っぽい投稿の多くは、周到に計画された広告案件だったと明かした。痩せてキラキラな自分を演出するのに駆使した、あらゆる撮影テクニックと画像編集機能を暴露した。[27] エセナのキャプション編集騒動以降、他のインフルエンサーたちも同様の欺瞞を告白し、その影響について謝罪した。[28]

こうしたキラキラした投稿は、それに接しているSNSユーザーの自己評価に対して悪影響を及ぼす、と心理学の研究は示す。Facebookユーザーを対象とした調査では、キラキラした画像や意識高い系の投稿に接したユーザーには自尊心の低下が見られた。[29] 10代の若者では、ネットの有名人と自分を比べる人のほうが抑うつ症状を経験しやすいという結果も出ている。[30] さらに、自撮り写真にフィルター効果などを使う成人女性は、そうでない人よりも自己評価が低く、自意識に悩まされているとわかった。[31] 10代の少女についても同様の結果が観察されている。[32]

SNS上で見かけるのは非現実的な画像ばかりで、それが基準となって新たな不安が植えつけられる。カッコいい服装であれ、豪華に飾られたリビングルームであれ、バカらしいほど完璧なイメージを見せられると、ユーザーは罪悪感を持ち、自分を「怠惰」だと感じてしまう。でも、ジョーンズ家の誰にも一生追いつけない。そもそも実在していないのだから。ジョーンズ家は、私たちが気忙しく、あれこれと気にして不安に感じるよう設計されたハリボテなのだ。不安は生産性と利益につながるため、都合がいいのである。

幸い、こうしたプレッシャーに抗うために個人ができる対処法についての研究も出てきている。ざっくりまとめれば、SNSのせいで自分を不十分だと感じるなら、他人と比較するのはやめて、自分を落ち込ませるのではなく鼓舞してくれるような成功者を見つければよいのだという。

すごい人と比べない

SNSの影響に関する心理学研究では、重要な変数として「上方比較」がよく用いられている。[33] 上方比較とは、自分より達成度や地位が高い人を参照し、その完璧さと比べて自分を罰することだ。セレブリティやインフルエンサーの投稿を見るたび不安になったり自分はダメだと感じたりするようなら、あなたも上方比較をしている可能性が高い。

上方比較とは要するに、他者の業績を基に自分の目標を設定するやり方だ。これでは満足も自己受容もできなくなる。**何かしら自分より優れている人はいるのだから、いつも自分を他人と比較して劣ったものと見ていたら、自分に満足できるわけがない。**

何かと上方比較をする人は、自分を追い込みすぎて燃え尽きやすい、と示す調査もある。[34] 常に上を目指し、自分より「上」にいる人と自分を比較したくなるのは、「怠惰のウソ」の核心にある衝動だ。

しかし、自分の上位互換として理想化された人物は、実際に存在しないものだ。このことをよく覚えておきたい。たとえば、ＳＮＳの画像のほとんどは加工済み、編集済みだと意識しておくのは心理的によいという研究もある。[35]とはいえ、そもそも自分のことが嫌になるような画像には、最初から接しないほうがいい。

自分よりキラキラして生産性が高そうな人とわざわざ自分を比べて、落ち込む必要はない。こうした罪悪感がなくなれば、自分が「怠惰」に思えることもなくなるはずだ。自分を信じて自分なりの目標を決め、自分に合ったペースでそれをやり遂げればいい。

自己嫌悪ではなくインスピレーション源を見つける

他者を仰ぎ見る行為にもさまざまな種類があり、すべてがダメなわけではない。憧れの人を見てやる気になったり励まされたりする意義は大きい。これは、華やかなセレブリティの美しい姿と比べて自分を恥じるのとは違う。心理学者のピーターネル・ダイクストラは次のように述べている。

他者との比較には、比較対象と自分を対比する（すなわち、自分と比較対象との違いに注目する）ものと、比較対象に自分を重ねる（自分と比較対象との類似点に注目する）ものがある。[36]

ダイクストラらの調査から、自分より「上」の誰かに自分を重ねる場合には、希望や称賛などのポジティブな感情が湧くことがわかった。上向きの視線でも、こうした憧れであれば、劣等感ではなくやる気が高まるのだ。

この本の冒頭で例に出したインスタグラマーにしてコメディアン兼モデルのリッキー・トンプソンの話に戻ろう。私にはリッキーとほとんど共通点がない。私は白人の研究者で、黒人のSNSスターとは違う。彼のように見た目がいいわけでもないし、強いエネルギーもなければ、笑いのセンスもない。それでも、リッキーがモデル契約をしたニュースやメディアへの出演を見ると、自分のことのように誇らしく感じる。リッキーのクリエイティブへの熱量や生意気ながらも魅力的な性格、そしてクィアで型にはまらないキャラクターに私は共感している。彼が活躍していると、私のような変わり者にも希望がある、と思えるのだ。

私はリッキーの成功のレベルに追いつきたいのではなく、彼は先を照らす光だと思っている。業種も違うし、彼のキャリアを真似したいわけでもないが、彼の活躍を見ていると、自分はヘンテコな自分のままでいいし、そのままで世界に自分の居場所は作れるのだ、と思える。

「怠惰のウソ」に抗うのは、魅力的な生き方をすべて諦めるのとは違う。自分の心に本当に火が灯るような憧れを抱いて、健全なやり方で追いかけるのは、「怠惰なウソ」への抵抗になる。

だからこそ、リッキーを見ると、私もやる気が出るのだろう。リッキーは自分の人生をばっちり自分らしく生きて、それで成功しているのだから。

世界を救うのはあなたの仕事じゃない

本書のためにインタビューした人びとのほぼ全員が、この世界の未来に深い不安を感じていると語っていた。社会問題の解決のために自分はもっと行動すべきなのに、と罪悪感を抱く人が多かった。ジュリーやレオのように、休息を大切にして、働きすぎないよう具体的な方針を実践している人でさえ、気候変動や人種差別、移民の迫害など、さまざまな問題に十分な貢献ができていないと自責の念に駆られていた。

第1章で触れたホームレス経験のある友人、キムもそのひとりだ。ホームレス生活を経て、キムと家族は何年もかけて新しい生活を構築していった。パートナーと婚約し、娘と一緒にウィチタの家に引っ越し、活動家として有名になった。Facebookでは社会運動のグループをいくつも運営し、計15万人超のグループメンバーを抱えている。そこで、ホームレス問題や経済格差、気候変動など、自身が関心を寄せる話題についてフォロワーに情報提供をする活動に、キムは毎週何時間も費やしていた。ネットを離れた実生活でも、キムはホームレス支援活動を行い、人びとにお金や食料を渡し、支援先につないでいる。

しかし、ここ数年はキムの人生に問題が起こり、たくさんのタスクをこなすことが難しくなった。ウィチタに引っ越した後、キムはシャルコー・マリー・トゥース病という痛みを伴う神経筋疾患の難病を発症した。筋肉の萎縮が進み、非常に疲れやすくなる病気だ。「ちょっと動いただけですぐ疲れちゃうから、夫がほとんどの家事をやってくれてる」とキムは言う。

「たまに洗濯物を干したり、お皿をちょっと洗ったりはするけど、それだけで立っていられず寝込んじゃうの」

病気のせいで、親としても活動家としても、キムにできることは限られてしまった。ちょっとした家事も、医師の診察を受けるのも、娘を学校に迎えにいくだけでも身体的な負荷が大きく、他に何もできない場合も多い。キムと夫は疲労困憊になり、用事が重なると社会運動にまで手が回らない。

「昨年の9月、私は気候変動関連の報告書や記事を20本以上リストアップしてた。気候変動が、特にグローバルサウスと呼ばれる新興国の人びとや先住民、障害者などには深刻に影響している、という内容を中心に情報を集めていたの」とキムは言った。

「その資料を基に、たくさんＳＮＳの原稿を作って、９月の気候ストライキの間にアップしようと思ってたんだけど」

毎日の生活に押されて、残念ながら作業は間に合わなかった。

「結婚式の招待状も送らなくちゃいけなくて。その作業をしている間はずっと罪悪感があった」とキムは言う。

「ケイレブと結婚して１年以上になるのに、挙式の準備さえままならなかった。で、ＳＮＳ投稿の作業には手が回らないまま、気候ストライキの期間が過ぎちゃったの。投稿に反響が来るように、タイミングを合わせて投稿すべきで、それを逃したときには本当に落ち込むの」

私はキムに、燃え尽きないために、作業量が減らせるよう何かしているか尋ねてみたが、具体的な返事はなかった。

「燃え尽きないために何かしてるかって、特に何もやってないな」とキムは答えた。

「気になってはいるんだけど。神経筋疾患のせいで、ある程度は休まざるを得ないしね。何もできない自分を責めて落ち込むのが嫌で、午後はずっと寝ていることもある」

いったん社会運動を休止すべき正当な理由は山ほどあるのに、キムは時間や労力を活動に割けていない自分を責めていた。もちろん、気候変動は差し迫った重要問題だし、文字通り、今すぐ火消しが必要ではある。そこまで切迫した問題を前に、ワーク・ライフ・バランスを重視して、理性で線を引くのは難しい。さまざまな社会問題に関心がある人ほど、世界を救うために自分の幸福や健康を犠牲にしなければ、と思い詰めてしまう。

キャシー・ラブリオラにこの話をしたところ、「このパニックみたいな切迫感は今に始まったことではないわよ」と彼女は指摘した。

「『大変だ、歴史上最大の問題が起こってる、この大義のために私たちはすべてを犠牲にすべきだ』って過去50年間、ずっと言い続けてるわけ。びっくりするでしょ」とキャシーは言う。「10年前も、20年前も、30年前も、別の問題について同じことを言ってたの。で、わりに短期間で燃え尽きて、何もしなくなる」

政治的問題の解決に人生を捧げる覚悟があったとて、パニックに煽られて、徹夜で頑張るような激しい社会運動は、長くは続けられない。ただ個人が頑張るだけでは世界は救えない。自分一人にそのような大きな期待をかけるのは非現実的で、ただ傷つくだけだ。世の不正に抗い、社会をより良い場所にしたいなら、別の闘い方が必要だ。自分の強みや特性を理解した上で、他の人びととの共同作業としてやっていくべきなのだ。

社会運動で燃え尽きたクライアントをよく担当しているメンタルヘルスの専門家数名に話を聞いたところ、次のようなアドバイスをしていた。

自分が心からやりたい活動を優先すること。活動に現実的な目標設定をすること。そして、いくら自分が頑張っても解決できない問題もあると理解した上で運動に関わること、である。

罪悪感や恐怖ではなく、共感をベースに目標を設定する

社会問題や社会運動に関心が高い人は、罪悪感でおろおろしてしまいがちだ。休息や自分自身のケア、楽しい休暇の間にも、問題は心の奥底から消えず、未解決のまま立ちはだかってくる。その上、社会活動の現場（対面でもオンラインでも）には、「緊迫した深刻な問題だから常に活動を優先すべきだ」という強いプレッシャーが存在する。そのせいで健康を損なう人も多い。

「社会運動の現場には、トラウマを抱えた人たちが多いのです」とシャロン・グラスバーンは言う。「不当な扱いや虐待をたくさん経験して、そこから完全に立ち直れていないと、自分の感情をコントロールできず、周囲の人にまでトラウマを与えてしまうこともあるわ」

シャロンの言わんとすることはよくわかる。私は自分が社会運動に参加する中で、それを目の当たりにしてきた。数年前、私はイリノイ州南部にあるタムズ矯正センターという独房刑務所の閉鎖運動に参加した。一緒に活動をしていたレスリーは、タムズ刑務所を閉鎖させるために10年以上闘ってきた活動家で、政治活動のオーガナイザーでもある。

レスリーはどこへ行くにも、独房に収容されている男性たちからの手紙を詰めた巨大なスーツケースを持ち歩いていた。昼間はフルタイムで働き、毎晩4～6時間かけて手紙に返事を書いた。週末はいつも、タムズ閉鎖を求める政治家や活動団体との会合で埋まっていた。レス

リーの熱意を尊敬しつつも、そのうち健康を害するのは目に見えていた。やがて、レスリーの激しさに私まで飲まれていった。

3月のある肌寒い土曜日、私は風邪をひいていた。その日はタムズ閉鎖に動いてくれそうな候補の選挙活動で、レスリーと一緒に戸別訪問する予定があった。ひどく寒い日で、歩道には雪が積もり、私は熱を出していた。予定を取り下げるべきだったが、そんなことをしたら、レスリーに生半可だと思われてしまう。それで一日中、ほとんど休憩も取らずに活動した。昼過ぎには風邪がひどくなって歩くのもやっとだった。それでも、レスリーは私が活動をやめるわけないと思っていて、弱っていく私に失望している様子だった。

レスリーの活動のミーティングはいつも夜遅くまで続き、いつも長大な「やること」リストが出来上がるので、私も他のボランティアたちもぐったりとしていた。例の3月の寒い日から程なくして、私は選挙活動をやめた。これ以上は無理だったからだ。ここまで燃え尽きる前に、自分の活動量をきちんと制限して、レスリーの期待通りに頑張りすぎなければよかったと思う。この件以来、運動に参加する際には、次のような問いで自分の本心を確認している。

1 この運動について考えるとワクワクする？　それとも罪悪感が湧く？

2 作業を断ったりイベントを欠席したりした場合には、活動コミュニティからどう言われるかが心配になる？

3 週あたり、この活動に使える時間の余裕はどのくらいある？　月あたりでは？

4 活動を減らす、あるいは休止すべき場合をどのように自覚できる？

5 社会をより良くするために、この運動以外にやっていることは何がある？

これらを自問してみると、運動に携わる余裕が自分にどれほどあるのか、合理的な判断がしやすくなる。

すべての社会問題を自分が解決しに行かなくちゃと思い詰めるべきではない。むしろ社会運動をエクササイズと同じように捉えよう。健康的な習慣の1つだと考えればいい。何もかもはできないけれど、自分にできる小さな役割を分担して、大きな問題を切り崩すための一助となることは可能だ。

自分が変えられないことを悲しむ

この件について、私が話を聞いたメンタルヘルスの専門家の一人に、シカゴを拠点とするセラピー団体「プラクティカル・オーディシティ」（「実行可能な大胆不敵」の意）のカウンセラー、ソーチー・サンドバルがいる。ソーチーは、先住民族の出身でトランスジェンダーのクィアな人物で、社会の不平等による問題を日々、身をもって深く知っている。そんなソーチーは、自分の心を守りながら活動を続けるために、弔いや悲しみのための時間や心理的なスペースをしっかり取ることを大切にしている。

「私たちの社会は、弔い方を知らないと思う」とソーチーは言う。

「社会活動家の燃え尽きについて話すと、たいていは悲嘆の感情をどう扱うかの問題になる。『事態はもう最悪だ、もう解決のために自分にできることはないかも』という気持ちに、場所を与えてじっくり受け止められるか、受け止めようとするか、というのが大事だと思う」

ソーチー自身、工業化と気候変動によってすでに地球が受けたダメージについて、よく嘆いているという。今の社会で二酸化炭素の排出量を減らし、これ以上のダメージを遅らせるための対策は講じられるけれど、すでに取り返しのつかない事態は起きてしまっている。

「アマゾンの熱帯雨林は燃えているし、気候変動で数々の動物が絶滅してしまった。こうしたこと全部を理解したくなる衝動は当然だとは思う。それで、どんなアクションを起こせばいいんだろう、って考えるよね。嘆願書に署名するとか、プラスチックを使わないようにするとか」とソーチーは言う。

「もちろん、何をするかを話すのもいいんだけど、まずはちゃんと悲しむところから始めよう。たとえ私がプラスチックをまったく使わずに生活したって海洋プラスチックが全部なくなるわけではない、という事実にまず向き合うことが大事だよ」

米国心理学会は2017年、「クライメート・グリーフ」（気候悲嘆）に関する初の大規模な報告書を発表し、地球の未来に対する不安によるうつや不安症が、大人にも子どもにも見られると詳細に論じている。[37] 2018年のエール大学の調査では、「気候変動が心配だ」と答えた人が2015年の約30％から62％へと増加していた。[38] 気候問題で絶望感を抱いているのは、ソーチーや、カウンセリングに訪れる人たちだけではない。このつらい感情を無視したり、社会運動を頑張ることで発散したりするのではなく、悲しみを大事にしよう、とソーチーは言う。

ただじっと座って喪失を嘆いているのは、後ろ向きな行動に思えるかもしれないが、悲嘆の感情は、ただ払いのければなくなるものではない。

社会問題を、自分たちだけで解決すべき緊急事態だと考えるのは、誤解である。自分たちさえ頑張れば事態はコントロールできると信じていても、現実にはそうはいかない。社会を正すためにどれだけ闘い続けても、何十年も前からの問題を「解決」し、ゼロにすることを目標としている限り、うまくいかずに燃え尽きるのは初めから決まっている。

不安や自責の感情が湧いたときには、しばらく感情に身を任せて、自分たちでは状況を完全にコントロールできないこと、そして自分にすべての責任があるわけでもないこと、を受容するのが何より効果的だったりする。それはとても悲しい経験でもあるけれど、同時に解放感も得られるはずだ。取り返せない喪失を悼むことで、自分が生きている現実を受け入れられる。そうすれば、現実的で持続可能なやり方で、社会問題に取り組めるだろう。

社会運動は小さく実行しよう

社会運動でストレスを抱えて消耗しないためには、大きくて抽象的なことを考えずに、毎日できるような、小さくて具体的なことにフォーカスするといい。

米国心理学会の調査によると、抽象的で深刻な問題に注目し、問題の大きさや複雑さばかりを気にしていると、無力で悲しくなりやすい[39]。逆に、身近で小さなアクションを通じて社会問題に参加すれば、自分で状況をコントロールできている感覚を得やすいため、不安を抱えずに、モチベーション高く活動が続けられる。

たとえば気候問題へのアクションとして、私なら空き時間を使って、生態系の変化がシカゴの在来種に与える影響を調査したり、地元の植物園で開かれる、在来種の保護方法についての説明会に参加したりできる[40]。気候問題に悪影響のある工場建設への反対運動もできるし、環境問題を重視している候補者への投票もできる。在来植物を育てて伝統的なやり方で土地を保護している先住民族の団体に寄付するのもいい[41]。気候変動を自分一人で止めることはできないけれど、だからといって諦めなくていい。自分が世界にとってプラスのことをできた事実は心を慰めてくれる。

キムとパートナーのケイレブは何年も、結婚式の計画を立てられずにいた。キムは体調が悪い中、育児に、日々の社会運動にと忙しかった。ケイレブはフルタイムの仕事をしながら、家を何とか片付けるので精一杯だった。自分たちの人生を次のステージへ進めるために、時間とエネルギーを作るのは本当に大変なことだった。

けれど、この間、私がInstagramを開くと、ウェディングドレス姿のキムの写真が出てきた。ホテルのベッドに腰掛けて、娘のソフィーと微笑んでいる。いつも、キムから連絡があるたびに、「何もかもが大変だ、もう疲れた」という話ばかり聞かされていたので、幸せそうにくつろいでいるキムたちの姿を見て、私はとても嬉しくなった。ちょっと泣けた。それから、キムのプロフィール・ページに飛んでいった。美しくて幸せそうな結婚式の写真を全部、見たかったから。キム自身は、式の準備のせいで社会運動に参加できなくなったのを、今でも心苦しく感じているかもしれないけれど、そうしてくれて良かった、と私は友人として、心から嬉しく思った。

結び

共感で「怠惰のウソ」を終わらせる

ホームレスは怠惰だから親切にしなくていい、と子どもに教える親の話で、私はこの本を書き始めた。あえてこの話を冒頭に置いたのは、ホームレスの人たちを怠惰の権化だと見なして、困窮しているのは本人が怠けているせいだと信じて疑わない人が多いからだ。このように他者の苦しみを自己責任論で片付けていれば、歪んだ形ではあるが気は楽だろう。自分の心を閉ざして他者の苦しみを無視できるからだ。だが、この自己責任論に傾倒すると、自分たちも生産性の追求というハムスターの回し車を延々と走らされることになる。

家や職のない状況や貧困などはすべて当事者の「怠惰」が原因だと見なすことで、自分はもっと懸命に働かなければという意識は非常に強くなる。ホームレスになることへの恐怖が、自分はまだ頑張りが足りないのでは、という不安に変わり、結局、いつまでも自身を追い込みながら、同じようにしない他者を責めるだけのつらい人生を送ることになる。苦しんでいる人への思いやりも持てないまま、自分に優しくできるわけがない。

「怠惰のウソ」に抗うことは、フルタイムで仕事をしている人はもっと休みを取ってゆっくりしましょう、という話だけにはとどまらない。もちろん、働きすぎへの強迫観念は「怠惰のウソ」の鍵となる要素だから、それに抗うことも重要だけれど、私たちはそのずっと先まで進むべきだ。この文化では「怠惰」への嫌悪が全方位を覆っていて、人間関係や子育てへの態度、あるべき体型、投票への障壁、その他あらゆるものの見方に染みついている。

「怠惰のウソ」は、「生産性の高い人はより価値が高い」と言うけれど、このような価値判断を信奉していては、人生が不安と偏見だらけになってしまう。

こうしたすべてへの特効薬が「共感」である。境界線を引かず広く共感することだ。本気で「怠惰のウソ」を解体して自由になりたいなら、社会に教え込まれてきた「怠惰」への偏見をすべて疑うことだ。頑固に染みついた思い込みも捨てるしかない。

あなたは常に完璧でなくてよいし、何もせずのんびり過ごす時間や休憩も許されている。ならば、ホームレスの人やうつ病の人、薬物中毒の人にも同じ権利があるはずだ。生産性に関係なく自分の人生には価値があるのなら、どんな人の命にも同様の価値がある。

とはいえ、長年染みついた思い込みを捨てるのは本当に難しい。私も一生かかると思っている。友人や仲間、学生には「共感と寛容を」と言っておきながら、私自身、できていないことも多い。歩くのが遅い人に通路をふさがれると、すぐカッとなって相手を批難するし、メールやスケジュール調整への返信が遅い同僚にはイライラする。「生き方を変えなきゃ」と愚痴を言うわりに具体的な動きを起こさない友人には、何もしないのかよ、とげんなりしてしまう。

もっとマシな反応があるだろうに、いまだに変えられない。自分のこういうところは本当に嫌になる。

このように他人を咎める感情が湧くのも無理はない。ずっと「怠惰のウソ」に洗脳されてきたのだから。とっさの反応にこそ、育った社会と、そこで植えつけられた偏見が出るものだ。[1]こんなふうに考えてしまうからといって、私は悪人ではないし、あなたが何かにイラッとしても、あなたも悪い人間ではない。大切なのは、その感情にどう対処するかだ。なぜネガティブな思考をしたのだろうと内省し、自分に問いかけて、もはや不要な感情であれば手放す、という選択だってできるのだ。

「怠惰のウソ」に流されず、恥や非難の感情が湧く心を鎮めるために、私にはいくつかやっていることがある。思想家、作家としての私の思考のベースにある社会心理学に由来する方法だ。もしまだ「怠惰のウソ」から抜けられず、それに影響された人生がやめられないなら（私たちのほとんどがそうだと思う）、手始めに試してほしい。私にはこの方法が効果的で、他者にもっと優しくなれるし、より自分への思いやりを持てるようになった。

共感的な好奇心を持とう

誰かが行動せず、だらだらしている理由がわからないと、私たちはその人を「怠惰」だと切り捨てがちだ。「職探しもせず、一日中ソファに座って、何週間も皿洗いさえしていないなんて、怠惰に決まっている」というように、相手の意味不明な態度を頭ごなしに批判したくなるものだ。「怠惰」のレッテルを貼れば、複雑で困難な状況でも単純に片付けられる。でも、そうやってすぐに相手を否定せず、好奇心を発揮してみよう。その方がずっとうまくいくからだ。

どんな行動にも、その人なりの理由がある。何もせずだらだらしている人がいて、それが無意味で自滅的にしか見えなくても、その人の人生の文脈では意味がある。だから、独善的に決めつけている自分に気づいたなら、相手がどうしてその行動をしているのか、じっくり考えてみよう。たとえば次のような問いを自分に投げかけてみるといい。

○このような行動で、相手はどんな欲求を満たそうとしているのだろう？
○相手が変化を起こす上で、どんな障壁や問題があるのだろう？
○こちらには見えない困難（身体障害や精神疾患、トラウマ、抑圧など）に苦しんでいるのではないだろうか？

○このように行動するよう誰かに教わったのだろうか？

○相手に他の選択肢はないだろうか？　あったとして、本人にとって現実的だろうか？

○サポートが必要だとすれば、どんな形があり得るだろう？

好奇心を働かせることは、思い込みや偏見をなくすのにとても効果的だと実証されている。[2]相手の状況を理解できればそれだけ、一見、ダメに見える点にも共感しやすくなる。

　この原理を、私は担当している学生とのコミュニケーションで何度となく実践してきた。学生が課題をしてこない、遅刻した、メールへの返信がないといった場合、つい、相手は怠けていてやる気がないと決めつけたくなる。けれど、そこで見切りをつけずに、どうしたんだろうと好奇心を発揮したほうが絶対うまくいくのだ。どうしているか確認しようと話しかけると、実はその学生の人生に大きな混乱や困難が発生していて、そのせいで「怠惰」に見えたと気づくことは多い。学生が私を信頼して状況を打ち明けてくれれば、サポートへの可能性がひらかれる。こうして学生とのつながりが生まれ、彼らの問題解決をサポートできる瞬間は、教育者冥利に尽きる。もしも「怠惰のウソ」の言いなりになって学生に見切りをつけていたら、決して起こり得ない体験だ。

私には依存症と闘っている親友がいるのだが、彼ともこの考え方で接してきた。その友人はひどい不眠に苦しんでいて、大人になってからずっと希死念慮があり、自殺未遂も経験していた。泥酔して眠ってしまえば自分を傷つけずに済むので、それが最良の選択肢になることも多かった。

きれいな解決策ではないが、理にはかなっている。もちろん私は彼に酒量を減らすよう勧めてきたし、依存症のカウンセリングに通い始めたときには応援したけれど、たとえ彼が生き延びるために飲酒を選んだとしても責めるつもりはない。今日も彼が生きて依存症と闘っていることが嬉しいし、本人の意思決定のプロセスを尊重したいと思う。

自分自身の行動について考えたい場合も、先述の質問をしてみるのは効果的だ。以前、私は電子タバコを吸っていたのだが、その間ずっとお金がもったいないしバカなことをしていると自分を恥じていた。そこで「吸いたくなるのはどんなとき？」、「喫煙のいいところは何？」と自分に問うてみた。すると、食欲を抑えるために電子タバコを使っていたこと、そしてカフェインと同様、もう少し頑張るエネルギーが欲しいときに喫煙していたことにすぐ気づけた。意識できれば、喫煙をやめるのはとても簡単だった。代わりにちょっとしたものを食べたり、コーヒーを飲んだりすればよいのだから。自分を恥じていても、一向に行動を変えられなかった私にとって、必要なのは思いやりと好奇心だった。

大きな文脈で捉えよう

相手の置かれている状況や、行動の理由を本人に尋ねる機会があるとは限らない。たとえそうした情報がなくても、より俯瞰的に見て、生きづらさや制限の要因を考えることで、相手に思いやりを持てるようになる。何らかの外的要因がその人の態度に影響していると考えることで、相手の行動（あるいは行動しないこと）も受け入れやすくなる。その日たまたま嫌なことがあった、などの単純な要因のこともあれば、階級問題や人種差別など、構造的な要因が関わる場合もある。

本書ですでに述べたように、社会的マイノリティの人には、「怠惰のウソ」への抵抗がより困難になる。非白人や女性は常に生産性と我慢を求められ、白人男性に求められる以上の成果や態度が当然視されている。精神疾患や身体障害を持つ人は、制限があることや配慮を求めることに引け目を感じている。体調を気にして、周囲に甘えだと映るのを嫌うのだ。アパラチア出身の私の親戚たちも、映画やテレビ番組で繰り返し描かれる「怠惰で無知な田舎者」のステレオタイプに苦しめられてきた。

「怠惰のウソ」は、相手の置かれた文脈を広く見ようとせず、独善的に判断してレッテルを貼ればいい、と言う。だが、もっと引いた視点から相手の社会的背景を考慮すれば、いい加減なステレオタイプではなく、複雑で多面的な人間として相手を理解できるはずだ。そうすれば、完璧な行動や高い生産性を他人に求めることもなくなり、何ができたか、何ができなかったか、にかかわらず価値のある人間として相手を捉えられるようになる。

このように引いて俯瞰的に考えるのは、自分自身の悩みにも有効だ。一日にやることの目標が達成できなかったとき、自分の怠惰さを責めるのではなく、自分のペースを落とすような出来事が人生に起きているのではないかと考えてみよう。前の晩によく眠れなかったのかもしれないし、自覚はないが風邪のひき始めかもしれない。あるいは、勤務先の健康保険では性別移行関連の医療費が保険適用外だと知って、排除と軽視に傷ついているのかもしれない。

こうした場合、私の生産性には影響が出る。あなただってそうだろう。**私は完全無欠の生産用ロボットじゃない。そんな人はいないのだ。**むしろ、自分の状況を敏感に感じ取って、挫折や失望に麻痺せずきちんと反応できるのは「良い」ことなのだ。

ソーチー・サンドバルの「誰もみんな、嘆き悲しむ時間が必要だ」という言葉を思い起こそう。**自分の置かれた状況に反応して感情が動くのは、適応力を示しており、生きている証拠なのだ。**こうした自然の反応を「弱さ」だと捉えるのは、「怠惰のウソ」が蔓延しているせいに他ならない。

「生産性＝善」と考えるのをやめよう

人の行動の理由について考える習慣がついたら、さらに踏み込んで、そもそも、ある行動が他よりも「良い」と考える根拠を疑ってみよう。どういった行動を他より優れていると認識しているのだろう。また、なぜそう考えるのだろう。人の行動の背景への好奇心は、誰かの行動が非効果的、あるいは悪いと感じた場合に、相手を理解するのに役立つので、まずは好奇心から始めたい。だが、さらに進んで徹底的に共感できるようになれば、どんな行為にも「悪」のレッテル貼りをしなくなる。

「怠惰のウソ」は資本主義と、特定のキリスト教の宗派に由来し、勤勉にすれば救われると説くものだ。今日、生産性や努力、達成について語られる際にも、この思想体系がベースになっており、そのせいで、私たちは何もしない時間を無駄だと思い込み、いつも何かで忙しくしている。その「何か」が何であれ、行動しないよりは倫理的に正しいはずだ、と思い込まされているのだ。

だが、この考え方は、さまざまな危うい選択につながりかねない。働かないより仕事をしたほうが絶対によいなら、環境に悪影響を与える産業の腐敗した職場で、横暴な上司のもとで働くほうが、辞めるよりまし、ということになる。忙しさが美徳の証しならば、家で一人の時間を過ごすよりも、インスタ映えする高価で派手な体験のために世界中を旅して大量に資源を消費するほうがよいことになってしまう。受動的であるよりも能動的でいるほうが常に優れているならば、専門家の話を聞いて何かを学ぶよりも、とにかくしゃべって自分の意見を世間に流すほうが重要になる。

「怠惰のウソ」のせいで、私たちは際限のない熱狂的な個人主義へと押しやられ、内省や傾聴の機会は奪われ、静かな内面的成長の余地は失われる。

アイルランドの政治家エドマンド・バークの言葉に「善人が何もしなければ、それだけで悪が勝利する」がある。米国で子どもたちがホロコーストについて習う際によく聞く言葉だ。悪に立ち向かう必要性を説いた力強い言葉で、初めて聞いて共感する子は多いと思う。この名言を引いて、あらゆる分野の指導者が、大胆な行動を正当化している。何かをしたほうが何もしないよりは良いでしょう、というわけだ。この名言も、その核心に「怠惰のウソ」が潜んでいて、「何もしないのは悪を容赦することだ」と言っているから人気なのだろう。

しかし、この引用には問題がある。どうやらエドマンド・バークはこの発言をしていない。[3] それどころか、このフレーズは出典不明なのだ。世界中の政治家、社会活動家、非営利団体の代表が引用し続けている名言はでっち上げられたものだ。

実際のバークの言葉に個人主義の色あいは薄い。「悪しき人間が徒党を組むに反して、善い人間は連帯する。さもなければ彼らは一人また一人と卑しい抗争の犠牲となって倒れるであろう」[4]というものだ。

「善人」たるもの、悪と真っ向から闘うべく積極的に行動せよ、とはバークは言っていない。むしろ、悪からの攻撃に屈せず、善き人びとは連帯して立ち向かおうと呼びかけているのだ。行動自体を称賛しているのではなく、コミュニティを称えている。元の文を見れば、善のための闘いは必ずしも直接的な力の衝突とは限らないし、暴力的な「卑しい抗争」は失敗に終わりがちだ、とも読み取れる。ときに、善き人びとにとっての最善策は、身を潜めて互いを思いやりながら生き延びることだったりもするのだ。

いったい何度、ニセのバークの名言が、貧困国への空爆や独立国家への侵攻の正当化、あるいは社会的に弱い立場の人を刑務所や矯正施設に収容するための大義名分として利用されてきたことだろう。

傍観して「何もしない」のは悪を許容するのと同じだというなら、悪と闘うための行動なら、ほぼすべてが許容されてしまう。何もしないのが悪で、行動さえすれば正義となり、たとえ無謀で破壊的な行為でも善とされるのはおかしい。私はバークの(ニセの)引用に対抗して、「世に悪がはびこるために必要な唯一のことは、悪人が自分は善行をしていると思い込むことだ」とたびたび言ってきた。「生産性=善」とする同一視が進むと、違いが見分けられなくなる。

「怠惰のウソ」の洗脳は根深い。その理不尽さや危険性を理解した後でも、まだその影響が解けていないと気づくことはある。「怠惰のウソ」と徹底的に闘うには、なんとなく心に残る「怠惰のウソ」の兆候を見極めて、それを徐々に取り除いていくしかない。

次に、「生産性＝善」と捉えているサインをいくつか挙げておこう。

○思ったより一日のタスクが捗らないと、罪悪感が湧く。
○自由時間をうまく楽しめない。
○休暇や休憩は、頑張って「獲得」するものだと考えている。
○健康に気を使っているのは、生産性を保つだけが目的だ。
○やることがないと、自分は「役立たず」「無価値」だと感じる。
○歳を取ること、身体が不自由になることを考えると、ひどく気が滅入る。
○誰かの頼みを断ると、「埋め合わせ」で別のことは引き受けなければ、と思う。

本書では、頑張って無理をして働くと心身の健康に悪いし、仕事の質にもダメージが出ると、さまざまな観点から論じてきた。すべて事実なのだが、これを繰り返し説いていると、残念な受け止め方をされることがある。「自分を大事にするのは、良い仕事を長く続けるためだ」と解釈されてしまうのだ。**休憩や休息を目的のための手段として捉えているうちは、自分の価値を生産性で測る呪縛から脱せていない。**

この本のもとになったエッセイを最初に出したとき、多くの読者の方が、生産性を高めるためのアドバイスを求めてメールをくれた。エッセイの主旨は「怠惰」に見える人にはたいていの場合、他者からは見えない障壁や困難があるものだ、というものだったが、読者の多くは、自分にとっての障壁や困難を探し当てて克服する方法を知りたがった。「限界をすべて克服してもっと成果を上げるためのアドバイスは持ち合わせていない」と、何度となく伝える羽目になった。「生産性なんて上げようとしなくていい」と私は考えていたのに。

人生のある領域で成果を上げたい場合には、他の何かは削らなきゃならないだろうとは思う。でも私としてはそんなことより、社会の要請ほど生産性が高くない自分をそのまま受け入れてほしかったのだ。

休憩を取ること、境界線を引くこと、「怠惰」に過ごしたいという内的感情に耳を傾けられるようになることは、それ自体が大切なのであって、そうすれば仕事がもっとできるようになれるから重要なのではない。本当に自分の健康を優先していると、おそらく全体としての生産性は下がる。もともとが常に頑張りすぎだったからだ。自分を丸ごとケアできるとは、以前ほど多作ではなくなる可能性を受け入れ、それでいいと思えるようになることだ。本書のアドバイスに従うと、前よりも寝室は散らかるかもしれないし、受信ボックスにメールがたまり始めるかもしれない。他の人から頑張り屋だと褒められなくなるかもしれない。こうした変化に不安にならず、心地よく自然に受け入れられたら、「怠惰のウソ」を抜け出せてきた、と進歩が実感できるだろう。

もちろん、すぐにできるようになる人はいない。私はいまだに、何をどれだけ達成できたかで自分の人生の価値を測りたくなる。仕事中毒の業績ハンターでない人を、つい見下している自分に気づくこともある。

そんな思考から離れたいときには、ペットのチンチラ（齧歯目の小動物）、ダンプ・トラックのことを考えるようにしている。風変わりな方法だけれど、これが効果的なのだ。

たいていのペットと同様、ダンプ・トラックは今まで生きてきて一度も「生産的」であったことがない。ただ食べて、眠って、私がケージに入れた木のおもちゃを破壊するだけだ。昼間から、でれっと寝ているダンプ・トラックを見ても、別に「怠惰」だと軽蔑したくはならない。食べて寝て遊ぶ権利を自力で勝ち取れよ、などとは考えない。ただ、かわいいなと思って、愛情を注ぐだけだ。私にとってダンプ・トラックの価値は、彼の活動量や、私の家庭や生活に対する「貢献」とはまったく関係ない。ただかわいらしく、不完全に生きているだけで価値がある。

何をしようがしまいが、この小さな生き物の命が、生まれながらに価値ある美しいものであるならば、私の人生だって、そのままでも価値があるはずだ。むしろ、ダンプ・トラックが何もしなくても、活発なときと変わらず愛せる私としては、どんな人がどう時間を使っていようが関係なしに、すべての人を尊重して大切にできるんじゃないかな、と考えるのだ。

誰もみんな、愛や安らぎを得る価値があるし、その価値は生産性とは関係ない、と納得できると、とてもいい気分になる。

これを常に覚えていられるわけではないけれど、意識的に時間を取ってこう考えてみると、心が満たされ穏やかになれる。大量の仕事や頼まれごとで苦しんだり、自分を痛めつけるように働きすぎなくても大丈夫だと思えるのだ。私は私のままでいいんだ、と。

自分に優しくなろう

「怠惰のウソ」には遠大な歴史があり、工業化、帝国主義、奴隷制といった歴史の遺産が深く刻み込まれている。超大作映画からYouTubeの個人チャンネルのプライベートな動画まで、私たちが接しているメディアのほぼすべてに「怠惰のウソ」は浸透している。子どもの頃から、私たちは勤勉の価値を説かれ、向上心や意欲がないのは危険だと、いつも聞かされてきた。こうした強力な文化的プログラミングを、簡単になかったことにはできない。

こうした「怠惰のウソ」を学び捨てる上では、私たちの認識からその影響の痕跡をすべて消去しようとしなくていい。どれほど注意深く自分の思考パターンを見直し、古い思い込みを問いただしても、「怠惰のウソ」の影響が完全に消えることはないのだ。それでも、時間をかければ、自分の中にある、他者を見下したり切り捨てたりするように設定された箇所を起動せず、代わりに、思いやりを持って相手のことをよく見るスイッチを入れられるようになる。

「怠惰のウソ」に抗えるようになるには、想像以上にたくさんの作業を自分で続ける必要がある。**自分に優しく、人にも優しくし続けよう**。そして、すぐに何かが変わるわけではないことも覚悟しておこう。「怠惰のウソ」を捨てる闘いは一直線には進まないし、敢闘賞のトロフィーがもらえるわけでもない。いつも道半ばで、完璧にはなれないだろう。

でも、それでいいのだ。

あなたはそのままでいい。それは誰も同じだ。

謝辞

キム・ローゼンカッター／ミク・エヴェレット、倫理観を教えてくれたことと友情に感謝する。あなたに出会えたから、人として知的、感情的に成長できたし、あなたの著作を通じて、これまで受けたどんな授業よりも深く、社会問題への共感的なアプローチについて理解することができた。あなたなしには、この本は生まれなかった。

エージェントのジェニー・ヘレラに心から謝意を表する。書くことは趣味に留めておこうと諦めていた私に声を掛けて、業界知識や重要なフィードバックを与え、自信を持たせてくれたから、私はここまで来られた。どれほど感謝してもし切れない。あなたのサポートは私の人生を変えた。

執筆活動をサポートし、ライターとしての成長を支えてくれた、ハリス・ソッケルはじめMediumの編集チームにも感謝を。何百万もの読者に作品を届ける機会に恵まれた上、簡潔で身近な文章が書けるよう、多くのアドバイスを受けることができた。

アトリア在籍中に本書の企画を立ち上げ、形になるまでサポートしてくれたサラ・ペルツに深い謝意を表する。全体構成や前半部分へのあなたの提案なしには、今の形にはならなかった。

信じて励ましてくれたから、私も自分を信じて本書を完成できた。私の可能性に賭けてくれてありがとう。

編集担当を引き継いだアマール・デオルにも、とても感謝している。徹底的かつ的確なフィードバックのおかげで、草稿から段違いに改善できたし、私のやる気を引き出してくれた。書き手として自信がなくなるたびに、あなたのくれたフィードバックを見れば気分が上がるから、スクリーンショットを携帯電話に保存していたほどだ。一緒に仕事ができて本当に楽しかった。

私に可能性を見出して、長年サポートしてくれたクリストファー・ピアットにも謝意を表する。シカゴのライブ・リット・コミュニティのメンバーにも感謝を。ジョシュ・ザゴレン、イアン・ベルナップ、トム・ハリソン、ミーガン・スタイルストラ、ビラル・ダルダイ、カーリー・オーイシ、サマンサ・イルビー他、多くの参加者たちの中で、自分なりの文体を鍛えることができた。私の文に魅力があるとすれば、何年もかけてみんなを見習ってきたからだと思う。

表紙のデザインで迷っていたとき、叱咤激励してくれたケビン・ジョンソンとディオ・オーウェンズにも礼を伝えたい。二人にはニュアンスの伝え方やイメージを視覚化する方法を教わった。コリン・クイン・ライスとジェニファー・ボウザーは撮影で緊張しないようサポートしてくれた。

書籍販売について理解を深めることができたのは、アイダ・カトラーのおかげだ。アンダーソンヴィルにある独立系書店「ウィメンズ&チルドレン・ファースト」で何時間も一緒に表紙やPOPを眺めたこともあった。いつも友人としてサポートしてくれたのは、私にとって本当に大きかった。

それから、短編小説や主張をシェアしあって、書き手としての成長をずっと支えてくれたTumblrの執筆仲間にも感謝を。メラニー・オブライエン、ジェシカ・ジョンズ、ステファン・T・ケネディ、カイラ・アンクルム、ロキシー・マクドナルド、チャック・マキーヴァー、リズ・シャープ、サラ・マッコイ他、みんな、ありがとう。

そして、本書のために話を聞かせてくれた、頑張りすぎの人（かつて燃え尽きていた人も）にも謝意を表する。イマニ、ジェシカ、ニミシール、リック、マイケル、ケイトリン、ジェシー、ジェス、アマンダ、キムら、本書に登場する人たちは、私のために時間を割いて自己開示してくれた。

また、インタビューに応じてくれた専門家、オーガスト、ソーチー、キャシー、シャロン、フレッド、ルイーズ、マーカス、アネットにもお礼を申し上げる。研究者、メンタルヘルスの活動家、心理士との会話から私は多くを学ぶことができた。

担当した学生のみんな、とりわけ私を信頼して自分の限界や困りごとを打ち明けてくれた学生たちに謝意を表したい。他の教授や先生たちのせいで「自分が悪い」と思わされていたのを申し訳なく思う。

もっと気楽に人生を楽しめるよう、いつも気にかけてくれた母と妹にも感謝を。少しは身についたと思うんだけど。最後に、パートナーでありチンチラの共同養育者でもある、最高の相棒、ニックへ。あなたの辛抱強くて、変わり者で、クリエイティブなところと、愛情に感謝している。

原注のご案内

本文中の注記のPDFを二次元コードからダウンロードできます。より詳しく知りたい方は、ぜひご確認ください。

https://d21.co.jp/download/slowdown.pdf

購入者限定特典

本書で紹介された実践的なアドバイスや質問リストをまとめたPDFを下記の二次元コードからダウンロードできます。ぜひご活用ください。

ユーザー名　discover3026
パスワード　slowdown

https://d21.co.jp/special/slowdown/

「怠惰」なんて存在しない
終わりなき生産性競争から抜け出すための幸福論

発行日　2024年5月24日　第1刷
2024年8月1日　第2刷

Author　デヴォン・プライス(Devon Price,Ph.D.)
Translator　翻訳者　佐々木 寛子
翻訳協力　株式会社トランネット
Book Designer　カバーデザイン　西垂水敦(Krran)
本文デザイン　三森健太(JUNGLE)

Publication　株式会社ディスカヴァー・トゥエンティワン
〒102-0093　東京都千代田区平河町2-16-1 平河町森タワー11F
TEL　03-3237-8321(代表)　03-3237-8345(営業)
FAX　03-3237-8323　https://d21.co.jp/

Publisher　谷口奈緒美
Editor　大竹朝子　野村美空

Sales & Marketing Company　飯田智樹　庄司知世　蛯原昇　杉田彰子　古矢薫　佐藤昌幸　青木翔平　阿知波淳平　磯部隆　井筒浩　大﨑双葉　近江花渚　小田木もも　佐藤淳基　仙田彩歌　副島杏南　滝口景太郎　田山礼真　廣内悠理　松ノ下直輝　三輪真也　八木眸　山田諭志　古川菜津子　鈴木雄大　高原未来子　藤井多穂子　厚見アレックス太郎　伊藤香　伊藤由美　金野美穂　鈴木洋子　松浦麻恵

Product Management Company　大山聡子　大竹朝子　藤田浩芳　三谷祐一　千葉正幸　伊東佑真　榎本明日香　大田原恵美　小石亜季　野村美空　橋本莉奈　原典宏　星野悠果　牧野類　村尾純司　安永姫菜　浅野目七重　神日登美　小林亜由美　波塚みなみ　林佳菜

Digital Solution & Production Company　大星多聞　小野航平　中島俊平　馮東平　森谷真一　青木涼馬　宇賀神実　舘瑞恵　津野主揮　西川なつか　野﨑竜海　野中保奈美　林秀樹　林秀規　元木優子　斎藤悠人　福田章平　小山怜那　千葉潤子　藤井かおり　町田加奈子

Headquarters　川島理　小関勝則　田中亜紀　山中麻吏　井上竜之介　奥田千晶　北野風生　徳間凜太郎　福永友紀　俵敬子　池田望　石橋佐知子　丸山香織

Proofreader　文字工房燦光
DTP　有限会社一企画
Printing　中央精版印刷株式会社

ISBN978-4-7993-3026-5
Taida Nante Sonzaishinai by Devon Price